KB133866

제국과
의로운 민족

Empire and
Righteous Nation

제국과 의로운 민족

한중 관계 600년사_하버드대 라이샤워 강연

2022년 2월 15일 제1판 1쇄 발행
2022년 4월 25일 제1판 2쇄 발행

지은이   오드 아르네 베스타
옮긴이   옥창준
펴낸이   이재민, 김상미

편집   정진라
디자인   정계수, 정희정

종이   다올페이퍼
인쇄   청아디앤피
제본   국일문화사

펴낸곳   (주)너머_너머북스
주소   서울시 서대문구 증가로20길 3-12
전화   02) 335-3366, 336-5131 팩스 02) 335-5848
홈페이지 www.nermerbooks.com
등록번호 제313-2007-232호

ISBN 978-89-94606-68-2 03910

너머북스와 너머학교는 좋은 서가와 학교를 꿈꾸는 출판사입니다.

제국과
의로운 민족

한중 관계 600년사_
하버드대 라이샤워 강연

Empire and
Righteous Nation

오드 아르네 베스타 지음
옥창준 옮김

너머북스

평화와 통일을 이룬

미래의 한반도를 위해

『제국과 의로운 민족』의 한국어판 서문을 쓸 수 있어 매우 기쁘다. 나는 자신을 스스로 국제사 전공자라 생각하는 편이지만, 경력을 쌓아가며 다양한 방식으로 중국사를 다루어왔다. 비록 나는 한반도 전문가는 아니지만, 한반도를 알기 시작한 다음부터 그 매력에 푹 빠졌다.

나는 베이징대학교 유학생 신분으로 1982년에 한국을 처음 방문했다. 이미 그때 나는 중국과 한국 사회의 언어·문명·정치의 공통점과 차이점을 보고 놀랐다. 당시 중국은 문화대혁명의 여파에서 막 벗어나고 있었고, 나는 이 과정을 중국에서 직접 지켜볼 수 있었다. 그러나 여전히 중국은 억압적이고 권위주의 국가였다. 한국 역시 여전히 가혹한 군사 독재 아래 놓여 있었지만, 한국 사회는 동시대 중국 사회와 마찬가지로 점점 자유로워지고 있었다. 또 한국에서는 전두환 정권을 향한 저항과 전두환 정권을 두둔하는 미국을 향한 반미 감정이 널리 확산해 있었다. 이미 그 당시부터 나는 중국과 한반도의 역사적 관계 및 중국-한반도 관계가 현재의 우리에게 줄 수 있는 함의를 연구하는 일이 흥미로우리라 생각했었다.

베이징으로 돌아간 나는 베이징대학교의 학우들과 중국과 한반도의 오랜 상호작용에 관한 생각을 나누었다. 대학교 친구들은 한반도 문제에 대해 상당히 잘 알고 있었다. 그러나 이들은 현재의 문제보다는 초기 조선-명나라 관계를 논하는 데 더 흥미를 보였다.

처음에 나는 이들이 중국과 한국 관계에 대한 정치적 민감성 때문에 조선-명나라 관계를 논의한다고 생각했다. 당시 베이징대학교에는 한반도에서 온 학생들이 제법 있었는데, 이들은 모두 북한에서 온 유학생들이었기 때문이다. 그러나 곧 나는 중국인 친구들이 14세기 후반에 보여준 호기심이 단순히 정치적 이유가 아니라는 사실을 알게 되었다. 그들은 모두 한국 TV 드라마 〈대명大命〉을 서울에서 밀반입된 비디오테이프를 통해 보고 있었다. 이는 훗날 중국 TV의 '한류'라 부를 수 있는 현상의 원조 격이었다. 인민들의 선택권이 있는 한, 적어도 문화는 정치를 앞질렀다.

많은 시간이 흐른 뒤, 나는 중국-한반도 관계에 대한 관심사로 운 좋게 되돌아갈 수 있었다. 이는 하버드대학교 페어뱅크 중국연구소의 초청으로 2017년의 라이샤워 강연을 맡았기 때문이다. 처음에는 나는 라이샤워 강연에서 중국과 일본 관계를 다룰까 생각했다. 여기에는 두 가지 이유가 있었다. 하나는 중국-일본 관계가 아시아에서 가장 중요한 국가 간 관계이기 때문이고, 다른 하나는 강연 이름의 주인공인 에드윈 O. 라이샤워Edwin O. Reischauer 하버드대학교 교수가 일본사 학자이자 미국의 주일본 대사로 유명한 인물이기 때문이었다. 그러나 나는 적어도 그때만큼은 중국-한반도 관계에 더 관심이 많았기에 생각을 곧 바꾸었다. 또 라이샤 워 역시 한반도와 많은 연관이 있었다. 라이샤워는 조지 매큔George McCune 과 함께 한글을 로마자로 표기하는 매큔-라이샤워 표기법(이는 가장 널리 쓰이는 표기법이다)을 고안했다. 그래서 나는 라이샤워 강연을 통해 명 제국 과 조선이 건국된 14세기 후반부터, 중국에 기반을 둔 제국과 공화국, 그 리고 한반도의 국가들의 관계가 어떻게 전개되었는지를 다루는 일련의 발표를 했다.

라이샤워 강연에 기초를 두고 발전한 이 책의 주제는 중국의 제국들과 수백 년이 넘는 시간을 통해 매우 긴밀한 관계를 맺었던 한반도가 단 한 번도 중국 제국의 일부가 되지 않은 방법과 이유라 할 수 있다. 티베트, 몽 골, 그리고 중앙아시아의 많은 나라 그리고 오늘날 중국의 남서부 지역이 되어버린 여러 나라는 그 기간에는 차이가 있지만 길든 짧든 중국 제국에 편입되었다. 하지만 한반도는 그렇지 않았다. 이 책을 꼼꼼히 읽어보면, 여러 가지 원인 중 내가 제시한 두 가지 이유를 알 수 있다(이는 매우 놀라운 전개이기도 하다). 첫 번째는 정체성이고 두 번째는 지식이다.

이 책의 내용이 시작하는 시기 즈음 한반도인의 뚜렷한 정체성이 형성 되고 있었다. 이는 의식적으로 그 무렵 동북아시아를 소용돌이쳤던 제국 적 혹은 지역적 정체성에 대한 반대로 가능했다. 물론 한반도의 정체성은 배타적이지는 않았다. 자신을 스스로 한반도인이라고 여기는 사람들은 종종 지역·종교·문화면에서 매우 다양한 정체성을 지니고 있었다. 그러나 한반도의 정체성은 적어도 엘리트 차원의 의식을 형성했다. 이들은 보편적인 지배를 이념적으로 표방하거나 실제로 추구하는 제국으로의 편입을 추구하지 않았고, 이를 수용하지 않았다.

한반도가 중국 제국과 밀접한 관계를 맺고 있었지만, 중국 제국 바깥에 남아 있었던 두 번째 이유는 조선 엘리트들이 중국이 그들을 알고 있는 것보다 제국을 더 많이 알고 있었기 때문이다. 이러한 지식의 비판적 우위를 점한 한반도인들은 한반도를 제국으로 더 포섭하려는 제국의 기획에 오늘날 우리가 아마 '독립'이라고 부르는 것이 적절한 상태를 유지하고, 여지를 확보하는 방식으로 계속해 행동할 수 있었다. 내가 이 책에서 보여주었듯이 지식 중 일부는 매우 깊은 이념적 차원에서 작동했고, 중국과 한반도 엘리트들이 공유하는 문화적 기반을 참고했다. '의로움'이라는 용어는 그러한 담론에 기원을 두었지만, 그 나름대로 기능하면서 제국의 욕망에 대항하는 한반도의 보호 체계의 일부가 되었다.

마지막으로 한국어판 독자들에게 중요한 지점이 있다. 나는 이 책을 14세기 말 조선 왕조의 등장과 더불어 시작했지만, 이는 동북아의 여러 나라의 관계가 그때 시작되었다는 뜻은 아니다. 내 책에서 다루지 못했지만, 적어도 1500년은 더 거슬러 올라가는 그 이전의 긴 역사도 분명히 존재한다. 나는 원-명 교체기와 고려-조선 교체기를 출발점으로 선택했다. 그 첫 번째 이유는 그 어떤 이전의 시기보다 과거와 현재 사이에 연속성이 뚜렷하게 보인다는 점이다. 두 번째 이유는 이와 같은 제한이 없었다면 이 작은 책의 분량이 대폭 늘어났을 것이라는 이유이다. 이와 같은 결정이 한국어판 독자의 마음에 들지 않더라도, 저자는 독자들이 이러한 제한을 최소한 양해해주기를 바란다.

코네티컷 주 뉴헤이븐에서
2022년 1월
오드 아르네 베스타

차례

일러두기

- 중국어 인명과 지명에 대해서는 신해혁명 이전은 한국 한자음으로 표기했고, 그 이후에는 중국어 발음으로 표기했다.
- 서양과 일본의 인명과 지명은 국립국어원 외래어 표기법을 따랐다.
- 책에 쓰인 미국식 거리 단위는 한국어 독자층에 익숙한 방식으로 수정했다.
- 저자가 활용한 1차 자료를 최대한 소개하려고 노력했다.
- 원문의 "Korea"의 경우 문맥에 따라 조선, 한반도, 한국으로 번역했다.
- 원문의 "Righteous"의 경우 문맥에 따라 의義, 의리, 의로움으로 번역했다.

지난 세기의 상당 기간 한반도Korea는 원하지 않게 국제 문제의 중심에 놓였다. 1894~1895년에 청나라와 일본은 한반도를 지배하는 일이 자국의 미래에 있어 매우 중요하다는 판단 아래 한반도를 두고 전쟁을 벌였다. 1910년 일본은 한반도를 병합했고, 한반도를 새로이 출범한 일본 제국의 일부로 만들고자 애썼다. 1950~1953년 중국은 북한과, 미국은 남한과 동맹을 맺고 격렬한 충돌에 돌입했으며 한반도의 대부분은 폐허가 되었다. 그리고 냉전이 끝난 지 한참이 지난 오늘날에도 북한 공산주의 정권은 미국의 위협에 맞선다는 명목으로 핵무기와 대륙 간 탄도 미사일Inter-continental Ballistic Missile, ICBM을 개발할 권리를 주장하는 등, 여전히 한반도는 국제적 논쟁의 중심지이다.

외세의 개입으로 한반도가 입은 재난, 그리고 이후 이 나라가 자력으로 일어서며 이룩한 놀라운 발전을 함께 놓고 이해하는 일은 쉽지 않다. 한반도 남반부를 통치하고 있는 대한민국Republic of Korea은 1960년대부터 제조업 강국이 되어 역사상 유례없는 급속한 경제 성장과 사회 변혁을 겪었다. 오늘날 남한South Korea의 1인당 GDP는 동아시아 국가 중 일본에 이어 두 번째이며, 세계적으로 봐도 높은 수준을 자랑한다(이탈리아나 스페인과 유사하다). 한 세대 전에 폐허였던 나라에서 이는 정말 대단한 결과다!

따라서 현재 한반도가 해결해야 할 가장 시급한 문제는 국제 문제의 산물이라 판단해볼 수 있다. 남한의 경제적 성장과 사회적 진보에도 불구하고 여전히 국제적으로 많은 문제가 남아 있다. 당연히 현재까지 지속되고 있는 분단은 제일 중요한 문제 중 하나다. 그리고 중국, 일본, 미국과 쉽지 않은 관계로 인해 한반도는 안팎으로 어려움을 겪고 있다. 어떤 남한 사람들은 이웃 강대국의 정치적 판단으로 경제가 어려워지면, 미래의 번영이 위협받을 것을 우려한다. 혹은 미국이 중국, 일본과 갑작스럽게 외교적 거래를 체결하면 이는 한반도 상황에 이득이 없다고 생각한다. 그리고 나는 한반도인 모두와 대부분의 동아시아인은 한반도에서 다시 전쟁이 발발한다면 한반도의 경제 발전뿐 아니라 동아시아 지역 전체의 경제 발전 성과를 상당 부분 무너뜨릴 것이라는 점에 동의하리라 생각한다.

오늘날 한반도의 국제 문제에 걸려 있는 지분은 크다. 만약 한반도의 위기가 해결되고 한반도의 평화 통일이 이루어진다면 동아시아는 세계의 성장과 혁신의 중심이 될 것이다. 그러나 한반도의 평화 통일이 이루어지지 않는다면 동아시아 지역의 경제·정치적인 성취 위에 줄곧 해결되지 못한 긴장감이 남아 있을 것이다. 마치 다모클레스Damocles의 칼처럼 말이다. 현재와 미래에 한반도의 전쟁 위협이 계속된다면 앞으로 동아시아가 얼마나 위대한 성취를 이루는지와 상관없이 이는 사상누각에 불과할 것이다.

　나를 포함한 많은 사람들은 한반도의 문제 해결을 담당할 주요 책임과 해결책을 찾을 잠재력은 한반도인에게 있다고 오랫동안 주장해왔다. 그러나 현 상황이 어떻게 문제가 되었는지를 살펴본다면 그들의 힘만으로 한반도의 곤경을 해결할 수 없으리라는 점도 분명하다. 한반도인은 이웃 국가와 미국 그리고 세계 전체의 도움이 필요할 것이다. 무엇보다도 그들은 가장 강력한 이웃 국가인 중국과 협력해야 할 것이다. 그리고 한반도 문제와 관련하여 중국이 긍정적인 역할을 하도록 이끌기 위해서는 한반도인과 다른 지역의 사람들은 중국이 한반도와 관계 맺어온 역사적 배경을 이해할 필요가 있다. 오래전 과거를 이해하면서 우리는 현재의 대안이 무엇인지를 더 잘 볼 수 있다. 또 적어도 이와 같은 시도를 통해 우리는 오늘날 정책 입안자들과 지도자들에게 세련된 질문을 던질 수 있을 것이다.

　이 책은 매우 큰 주제를 다루는 소책자이다. 이 책의 목적은 일반인 독자에게 지난 600년 동안 한반도가 중국과 맺어온 관계가 어떻게 전개되었는지를 설명하는 것이다. 내가 역사학자라서 '심층'의 역사에 초점을 맞춘 건 아니다. 나는 오늘날 국제 문제를 포착하기 위해서도 역사의 장기적인 전개 과정을 이해해야 한다고 믿는다. 특히 중국-한반도 관계처럼 세계의 독자들이 잘 모르는 영역에서는 더 그러하다. 그리고 한반도와 한반도 주변에서 앞으로 무슨 일이 벌어지든 간에 중국-한반도 관계는 매우 중요할 것이다. 과거에 무슨 일이 일어났는지를 알고 있다면 앞으로 올 새로운 기회를 포착하고 실수를 피할 수 있다.

이 책은 중국-한반도 관계를 전반적으로 논한 2017년 하버드대학교의 에드윈 O. 라이샤워 강연에 기초한다. 제1장은 1392년 조선의 건국부터 조선을 향한 서구의 최초 침입이 이루어지는 1866년까지를 다룬다. 이 장은 조선과 명明, 그리고 훗날에는 청淸의 관계가 어떻게 전개되었고, 이 조합이 어떠한 구조적 변화를 맞이했는지를 다룬다. 또 이 장에서는 중국과 한반도의 관계를 설명하는 주요 개념인 '제국Empire', '민족Nation', '의로움Righteous'을 설명한다. 제2장은 19세기 후반부터 20세기 말까지 두 나라가 경험한 극적인 변화를 살핀다. 여기에서는 중국과 한반도의 국가와 사람을 개조한 제국주의, 민족주의 그리고 혁명을 다룬다. 이를 통해 중국-한반도 관계가 일본 침략기와 그 뒤에 이어진 냉전기에 어떻게 변모했는지 그 윤곽을 그린다. 또 이 장에서는 한국전쟁이 아시아의 국제관계에 어떤 파괴적인 영향을 주었는지를 본다. 제3장은 오늘날의 중국-한반도의 상호작용을 소개하고, 미래의 중국-한반도 관계를 이해하는 데 있어 특별히 중요한 과거의 유산을 다룬다.

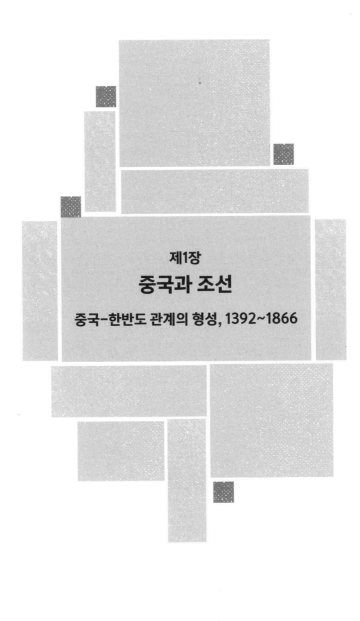

제1장

중국과 조선

중국-한반도 관계의 형성, 1392~1866

중국과 한반도는 이웃이다. 그리고 '중국'과 '한반도'라 부를 수 있는 지역이 존재한 약 2000년 동안, 이 둘은 밀접한 관계를 맺어왔다. 중국은 큰 나라이며, 아주 긴 세월 동안 중국의 지도자들은 중국을 제국이라 생각해 왔다. 중국은 자신을 스스로 다른 국가와 조직이 그 주위를 에워싸고 있는 중심의 국가라 보았다. 반면 한반도는 지리적으로 작다. 그러나 다른 기준에서 볼 때 한반도는 꽤 크다. 오늘날 남북한을 합친 한반도의 면적은 22만 제곱킬로미터 정도로 그 면적은 영국과 비슷하고, 한반도의 인구는 7,500만 명을 넘는다. 한반도에서 사람이 거주하고 있는 지역은 예전부터 매우 높은 인구 밀도를 자랑한다. 이는 재화와 서비스 그리고 사상의 교환이 활발히 진행될 수 있는 조건이었다. 긴 국경선을 통해 오늘날 15개국과 국경을 접하고 있는 중국의 경우, 한반도는 매우 가까우며 가장 오래된 이웃이다.

사회·정치적 조직화의 차원에서 볼 때 중국과 한반도 두 나라는 모두 통합과 분열의 시기를 겪었다.[1] 20세기의 민족주의 역사학자들은 통일

---

1) 나는 '나라country'라는 용어를 특별한 용어가 아니라 매우 일반적인 의미로 사용한다. 중국과 한반도는

국가라는 역사적 규범으로 과거를 설명하고자 노력하면서, 역사를 민족 통합의 목적론으로 설명해왔다. 하지만 우리의 이야기가 시작되는 시점에서 보면 매우 다양한 역사적 설명 틀이 존재했다. 14세기 이전의 중국사에는 세 번의 통일기가 있었다. 진秦·한漢 제국(기원전 221년~기원후 220년), 수隋·당唐 제국(581~907년), 원元 제국(1279~1368년)이다. 한반도에는 10세기 초부터 고려라는 통일 왕조가 존재했다. 그러나 그 이전에도 한반도인이라는 감각은 언어, 관습 그리고 특히 식생활을 통해서 한반도에 널리 퍼져 있었다. 핵심 지역의 경우, 이미 14세기 후반보다 훨씬 이전 시기에도 중국인은 그들을 중국인으로, 한반도인은 그들을 한반도인이라 생각했다.[2]

문화의 관점에서 보면 중국과 한반도의 경계를 긋기란 쉽지 않다. 지향, 강조점, 연결 정도의 차이가 있지만, 적어도 한 제국 시기 이후부터 중국과 한반도를 하나의 문화권으로 보는 시각은 타당하다. 중국에서 기원전 4세기 즈음 체계화된 유교적 사고방식은 기원전 100년 무렵에 한반도에 소개되었다. 유교의 전래 이후 400년 후에는 불교가 중국을 거쳐 한반도에 전해졌다. 어디까지가 한반도이고 어디서부터 중국이 시작되는지 말하기 어려울 정도로 철학과 종교의 세계는 서로 겹쳤다. 특히 양국 엘리트들의 관계에는 상당한 정도의 모호성liminality과 혼종성이 존재했다. 한반도 출신 유학자儒學者들이 중국에서 관직을 얻고 가르칠 수 있었으

명-조선 시기 전까지는 주로 일종의 문화(혹은 서로 섞인 문화)로서 이해할 수 있다.

2) 고려의 정체성에 대해서는 Remco E. Breuker, *Establishing a Pluralist Society in Medieval Korea, 918-1170: History, Ideology, and Identity in the Koryŏ Dynasty*(Leiden: Brill, 2010). 정체성의 개념에 대한 인류학의 기본적인 논의로는 Fredrik Barth, "Introduction," Fredrik Barth ed., *Ethnic Group and Boundaries: The Social Organization of Culture Difference*(Boston: Little Brown, 1969).

며, 중국 출신 불교 승려가 한반도의 절이나 사원에 자리 잡을 수 있었다. 문화나 종교적 신념이 제일 중요한 정체성이던 이 시기에 정체성은 한 사람의 일생 동안 한반도와 중국 사이에서 이동하고 변할 수 있었다.[3]

중국과 한반도의 주요한 연결고리는 한반도에 유교가 전래된 이래 사용되기 시작한 중국 문자(한국인은 이를 오늘날 '한자漢字'라 부른다)에 기초한 공동 문어文語의 존재였다. 상형문자 체계인 한문은 각각의 글자가 고유의 뜻을 지니지만, 현지 언어에 따라 다르게 발음할 수 있었다. 한문은 기원전 1세기부터 조선 시대까지 한반도의 공식 문어였다.[4] 15세기 한반도에서 독자적 글자 표기법이 등장한 이후에도, 한문은 한반도의 행정·종교·학술 세계의 언어를 지배했다. 문학과 글쓰기에서 같은 언어를 공유할 수 있었다는 점은 중국과 한반도의 관계에 있어 대단히 중요하다. 이는 한자를 언어 체계의 일부로 차용했던 일본, 베트남과 중국의 관계에서도 마찬가지였다.

문화가 중국과 한반도를 하나로 연결했다면 국가 건설은 이 둘을 때로 갈라놓았다. 중국이 제국으로 팽창할 때 한반도는 상대적으로 곤란한 상황에 놓였다. 한나라 시기 중국 지도자들은 한국어 사용 지역을 제국의 일부로 편입하여 동화하고자 했다. 그들이 남쪽(예를 들어 남월南越과 민월

---

3) 이 책은 구분을 위해 중국어 표기의 경우에는 성조 표기 없는 병음 표기를, 한국어 표기의 경우 매큔-라이샤워(McCune-Reischauer) 표기법과 함께 이에 대한 영어 해석을 제공한다. 영어권에도 잘 알려진 장소명과 인명, 개인이 기존의 방식과 다른 표기를 원하는 경우는 예외로 두겠다(옮긴이-번역서의 경우 중국어 표기의 경우 병음에 맞는 한자를 병기하고, 한국어 표기는 한국어로 옮기도록 하겠다).

4) 한자를 통해 한국어를 표현하는 표기법이 기원후 2세기 즈음부터 존재했지만, 이들 중 그 어떤 표기법도 비공식적 영역에서 널리 쓰이거나, 장기간 쓰이지 못했다.

閩越)을 성공적으로 복속시켰듯이 말이다. 5) 그러나 한나라의 일부 시기와 몽골족의 원 제국기의 몇 세대 정도의 기간을 제외한다면 한반도는 중국의 직접적인 정치적 지배를 받지 않았다. 한나라의 지배를 격퇴하고 한반도인이 주도한 국가인 고구려는 북쪽과 서쪽으로 팽창하면서 그전에는 중국 제국의 일부로 여겨졌던 지역을 지배하려 도전하기도 했다. 중국은 다른 동아시아 국가들에도 그러했듯이 한반도에 있어서 문화·경제·정치 교류의 중심이었다. 그러나 1368년 명 제국 건국 이전까지 중국이 한반도를 지배할 수 있는 능력은 거의 없었고, 있더라도 이는 매우 미약한 수준에 그쳤다.

중국과 한반도의 관계는 명 제국과 명 건국 20여 년 후에 세워진 조선의 등장으로 새롭게 수립되었다. 중국의 명나라와 마찬가지로, 조선 역시 몽골족 정복자들의 한반도 및 세계 지배가 가져온 변화의 소용돌이에 대한 반작용으로 탄생했다. 1234년 몽골군은 고려의 서쪽 국경에 있는 여진족의 금金나라를 무너뜨렸다. 45년 후 몽골족은 중원의 송 제국을 멸망시키고 중국 대부분을 점령했다. 그리고 몽골족은 그들이 정복한 세계의 동쪽 지역을 원 제국이라 칭했다. 칭기즈 칸Chingiz Khan의 손자 쿠빌라이Kublai가 이끈 원 제국은 몽골인, 중국인 그리고 다른 민족까지 어우러진 진정한 다민족 제국이었다. 그 점에서 원 제국은 350년 후 여진족의 한 일파가 건국한 청 제국과 비슷했다. 원 제국이 정복 지향적이고 공세적인 국가라

---

5) 남월은 영토 대부분이 한나라 시기에 정복당했다는 점에서 한반도와 특별히 비교 가능한 사례이다. Erica Brindley, *Ancient China and the Yue: Perceptions and Identities on the Southern Frontier, c. 400 BCE-50 CE*(Cambridge: Cambridge University Press, 2015); Erica Brindley, "Representations and Uses of Yue Identity Along the Southern Frontier of the Han, Ca. 200—111 BCE," *Early China* 33/34(2010), pp.1—35.

는 점은 훗날의 청 제국과의 공통점이기도 했다. 한반도를 300년 이상 통치한 고려는 몽골족의 공격에 굴복했다. 1260년대에 원 제국의 군대가 한반도의 일부를 점령했고, 고려는 독립을 상실했다. 한반도의 대부분 지역은 전쟁으로 황폐해졌고, 이후 고려는 전쟁 이전의 상태로 다시 돌아가지 못했다. 몽골 세계제국이 80년 후에 무너지기 시작하자 고려 왕조도 함께 무너졌다. 이후 한반도의 독립을 다시 쟁취하고, 나라의 통합을 강화하고자 한 새로운 왕조가 들어섰다. 중국과 한반도 모두에게 몽골족의 지배는 가혹한 탄압인 동시에, 더 넓은 외부 세계와의 접촉을 의미했다. 몽골족의 지배라는 경험을 통해 새로운 사상이 유입되고, 새로운 개념이 확립될 수 있었다.

제국

몽골 제국의 몰락 이후 등장한 새로운 세계를 살펴보기 전에, 이 책에서 다루는 개념을 좀 더 살펴보도록 하자. 나는 이 책의 제목을 『제국과 의로운 민족Empire and Righteous Nation』으로 정했다. 이는 이 제목이 이 책에서 다루는 주요 개념(제국, 민족, 의)을 모두 포괄하기 때문이다. 이 개념들이 넓은 맥락에서 어떤 의미이며, 이 책에서 다룰 중국–한반도 관계라는 특수한 맥락에서는 또 어떨까.

제국Empire은 어원학적으로는 중동과 유럽에서 적어도 2000년 전부터 사용된 매우 복잡한 개념이다.[6] 이 개념이 묘사하는 국가 형태로서의 제국은 제국이라는 개념보다 더 오래전부터 존재했으며, 아마 최초의 제국은 기원전 2300년 무렵 중동의 아카드Akkad 제국일 것이다. 아카드 제국의 지배자들은 그들의 국가를 '벨루투belutu'라 칭했는데, 이 말은 아카드어로 지배rule, 지배령dominion, possession 혹은 관리control 모두를 의미했다. 그리고 '벨루투'는 이후 등장할 모든 제국의 기본 요소가 되었다. 여기에는 중앙의 권위, 중심부와 주변부의 관계를 규정하는 체계적인 사고방식도 포함된다. 아카드 제국은 제국적 외양, 우월한 문화를 지녔고, 주변의 여러 왕국을 지배했다. 물론 후자는 제국의 일반적인 구성 요소로서는 덜 중요했다. 역사상 존재했던 제국은 그 형태와 크기가 다 달랐다. 문화 제국주의의 정도와 정치적 종속의 정도에서도 그러했다.[7]

예를 들어 어떤 제국은 식민지를 추구했지만, 어떤 제국은 그렇지 않았다. 잉글랜드는 자국민을 아일랜드로 정착시켜, 이웃 나라의 인구적 특성을 영구히 바꾸어놓았다. 프랑스도 알제리에서 같은 방식을 시도했다.[8] 아일랜드와 알제리 같은 두 식민지는 제국의 중심부와 바로 붙어있

---

6) 제국에 대해서는 버뱅크와 쿠퍼의 좋은 개념 정의가 있다. "제국이란 팽창주의적이거나 한때 공간을 가로질러 팽창했던 기억을 간직한 커다란 정치 단위, 새로운 사람들을 통합하면서 구별과 위계를 유지하는 정치체다." Jane Burbank and Frederick Cooper, *Empires in World History: Power and the Politics of Difference*(Princeton: Princeton University Press, 2010), p.3(제인 버뱅크·프레더릭 쿠퍼, 이재만 옮김, 『세계제국사: 고대 로마에서 G2 시대까지 제국은 어떻게 세계를 상상해왔는가』, 책과함께, 2016, 24쪽).

7) 동아시아와 같은 비서구 지역에 서구적 개념인 '제국'을 사용하는 것이 의미가 있는지를 두고 역사학자들 간의 논쟁이 있다. 나는 적어도 송나라 시기부터 동아시아인들이 그들을 지칭한 '대국(大國)' 개념이 유용하다고 생각한다. Timothy Brook, "Great States," *Journal of Asian Studies* 75, no. 04(November 2016), pp.957-972. 흥미롭게도 현대 아시아 국가 중 대국 개념이 국호에 남아 있는 유일한 국가는 오늘날 남한인 '대'한민국이다.

8) Jennifer E. Sessions, *By Sword and Plow: France and the Conquest of Algeria*(Ithaca: Cornell University

는 인접 지역이라는 점에서 한반도와 유사하다. 하지만 한반도에 중국인의 정착은 매우 적었다. 20세기 전반기의 비교적 짧은 시간 동안 진행된 일본의 경우가 한반도에 식민지 정착을 시도했던 유일한 사례였다. 그 당시 100만 명이 넘는 일본인이 한반도에 정착했다.

제국 간의 크나큰 차이에도 불구하고, 동양과 서양에서의 제국의 원형을 꼽는 일은 여전히 의미가 있다. 중국의 경우 진·한 제국, 중동과 유럽에서는 알렉산더·로마 제국이 그 원형이다. 동서양 제국 사이에는 유사점도 있지만, 차이점도 있다. 먼저 공통점으로는 동서양 제국 모두 중심에 황제 개인을 두었고, 짧은 기간 급속도로 팽창했으며 이후에는 장기간 제국을 유지한 제국의 제도制度가 등장했다. 동서양 제국 모두 고도로 군사화되어 있었고, 보편적으로 적용 가능한 법률 체계가 존재했다. 그러나 명백한 차이점도 있었다. 한 제국은 로마 제국보다 이념적 지향이 강했다. 한 제국의 황제들은 제국의 통합과 중앙의 인구를 다른 곳에 정착시키는 일에 좀 더 몰두했다. 두 제국 모두 제국의 핵심 영역을 정의했고, 앞으로 제국이 되고자 하는 모든 이들이 이 지역을 지배하고자 투쟁을 벌였다. 그리고 두 제국에는 제국의 꿈을 세기를 넘어 이어줄 수 있는 문어文語 체계가 있었다. 그러나 오직 한 제국만이 오늘날까지도 의미 있는 지정학적인 경계imprint와 오늘날까지 사용되는 언어를 남겼다.[9]

Press, 2011); John Patrick Montano, *The Roots of English Colonialism in Ireland*(Cambridge: Cambridge University Press, 2011).

9) Walter Scheidel, ed., *Rome and China: Comparative Perspectives on Ancient World Empire*(Oxford: Oxford University Press, 2009)(발터 샤이델, 『로마와 차이나: 동서양 두 고대 제국의 비교연구』, 생각과종이, 2020); Walter Scheidel, ed., *State Power in Ancient China and Rome*(Oxford: Oxford University Press, 2015); Fritz-Heiner Mutschler and Achim Mittag, eds., *Conceiving the Empire: China and Rome*

한 제국과 유사한 형태의 제국이 지난 2000년 동안 중국사에 반복적으로 나타났다. 물론 그 안에서는 제국 내부의 구성, 이념, 관료제 구조, 대외 전략 측면에서 변주도 있었지만 말이다. 특히 경제 형태와 목적 면에서는 큰 차이가 있었다. 일부 중국 제국(또는 지배적인 제국이 존재하지 않은 시대의 경우 중국 국가)은 무역과 상업을 장려했지만, 다른 중국 제국과 국가는 이와 같은 활동을 제한하거나 엄격하게 통제했다. 그러나 전반적으로 볼 때 중국에 존재한 국가들은 한 제국 모델(중앙집권적이고, 군사화된 국가, 그리고 인민에게 이념적 순응을 요구하며, 그 대가로 인민에게 양육, 안정, 복지를 제공했다)을 모방하려는 시도를 많이 했고 때때로 이는 매우 성공적이었다. 한 제국과 마찬가지로, 모든 중국의 제국은 관료적 지배를 통한 위계질서를 강조했다. 그리고 이들 모두 그들이 알고 있던 세계인 동쪽의 한반도와 일본, 남쪽의 동남아시아를 사이에 두고 문화적 중심의식을 지녔다.[10]

외부 세계를 다루는 데 있어서 중국의 일부 제국들은 팽창주의적이었다. 한 제국의 모델을 따라 당 제국과 청 제국은 대규모 팽창을 감행했고, 통상적인 중국 문화권을 훨씬 뛰어넘는 중앙아시아의 일부 지역까지 제국을 확장했다. 청 제국 시기에는 만주족의 발상지였던 만주와 북태평양 연안까지 제국이 팽창했고, 오늘날의 몽골과 신강新疆(제국의 새로운 서부 개

Compared(Oxford: Oxford University Press, 2008). 그리고 유럽의 제국 간 비교에 대해서는 Krishan Kumar, *Visions of Empire: How Five Imperial Regimes Shaped the World*(Princeton: Princeton University Press, 2017). 아시아에 존재한 제국 간 비교는 Brian P. Farrell and Jack Fairey, eds., *Empire in Asia: A New Global History*, vol. 1(London: Bloomsbury, 2018).

10) 중국에 존재했던 여러 제국 간 비교연구는 매우 취약하다. 이를 시도하고 있는 연구로는 Hilde De Weerdt, Chu Ming-Kin, and Ho Hou-Ieong, "Chinese Empires in Comparative Perspective: A Digital Approach," *Verge: Studies in Global Asias* 2, no. 2(2016), pp.58-69. 좀 더 폭넓은 관점의 비교로는 Peter F. Bang and C. A. Bayly, eds., *Tributary Empires in Global History*(London: Palgrave Macmillan, 2011).

척지)에 이르는 몽골족과 튀르크족 지역 그리고 티베트와 히말라야 지역까지 지배했다. 몇몇 팽창은 매우 장기적인 계획 아래 이루어진 정복이었다. 그러나 대부분의 팽창은 국경에서의 안보 위기의 결과로 이루어진 것이었다. 황제는 이와 같은 안보 위기에 대항하여 강력한 무력을 행사했고, 이를 통해 북경에서 수립된 제국주의적 청사진을 넘어서는 영역을 확보할 수 있었다. 18세기 중반에 청 제국은 다양한 집단과 민족 출신의 관료와 관리들이 함께하는 거대 정치체였다.[11]

다민족으로 구성되고 유목 제국 혹은 정착 제국적 성격이 혼재된 중국 제국의 국경 지대는 명확하지 않고 모호했다. 때때로 제국의 내부가 어디까지이고 외부가 어디까지인지에 대한 정의는 불명확하고 애매했다. 현지의 지도자들은 제국의 보호나 경제적 이익을 위해 제국의 일부가 되기를 원할 수 있었다. 제국의 관심이 느슨해졌을 때 어떤 이들은 자신을 스스로 왕king이나 군주prince라 칭하면서 높은 수준의 자율성을 획득할 수도 있었다. 명시적인 경계를 선언하면 불필요한 충돌을 초래할 수도 있기에 경계선은 명확히 그어지지 않았다. 유교적 지침에 따르면 외교란 올바르게 행동하며 위계질서를 존중하는 것이었다. 이를 잘 따른다면 어느 정도의 모호함은 모두의 이익이 될 수 있었다.[12]

---

11) 청의 팽창주의에 대해서는 Peter C. Perdue, "Comparing Empires: Manchu Colonialism," *The International History Review* 20, no. 2(June 1, 1998), pp.255−262.

12) Zsombor Rajkai and Ildikó Bellér−Hann, eds., *Frontiers and Boundaries: Encounters on China's Margins*(Wiesbaden: Harrassowitz, 2012)를 보라; Kathlene Baldanza, *Ming China and Vietnam: Negotiating Borders in Early Modern Asia*(Cambridge: Cambridge University Press, 2016); Diana Lary ed., *The Chinese State at the Borders*(Vancouver: UBC Press, 2007). 특히 이 책에 수록된 알렉산더 우드사이드와 티모시 브룩의 글을 보라; Peter C Perdue, "Crossing Borders in Imperial China," Eric Tagliacozzo, Helen F. Siu, and Peter C. Perdue, eds., *Asia Inside Out: Connected Places*(Cambridge:

중국 제국은 그들이 대표하는 정치 체제를 표현하기 위해 '천하天下'라는 개념을 점점 더 많이 사용했다. 문자 그대로 '하늘 아래'라는 뜻을 지닌 천하는 중국사에서 보편적 주장을 하는 데 활용되었지만, 그 의미가 항상 같지 않았다. 이 말은 하늘 아래 모든 땅, 천자의 지배 아래 있는 영역, 아니면 천자의 지배 아래 마땅히 있어야 할 영역을 뜻했다. 특히 천자의 지배 아래 있어야 할 영역은 무엇보다도 문명적 의미를 지녔다. 중국 문화로 문명화된 사람들은 제국 내에 있거나, 어떤 형태로든 중국과 일정한 형태의 관계를 맺어야 했다. 천하 바깥의 '외부 세계'의 경우 그들의 물질적·정신적 요소 때문에, 아니면 중국이 이끄는 세계에 참여하기에는 너무 멀리 떨어져 있다는 거리상의 이유로 인해 문화적 동화나 문명적 구원이 어려운 존재였다. 이처럼 천하의 보편성과 특수성을 어떻게 정의할 것인가를 두고 중국사 전반에 걸쳐 논쟁이 계속되었다.[13]

한반도처럼 제국의 테두리 안에 포함되어 있지 않은 나라의 경우, 천하 질서를 반영한 다른 형태에 질서가 있어야만 했다. 대개 이는 왕실 간의 통혼이나 인질 교환, 또는 선물의 증정으로 대표되는 종속 의사의 표명으로 규율되어 왔다. 또 중국의 종주권이 인정되고 표현되는 방식은,

---

Harvard University Press, 2015), pp.195-218. 이와 같은 제국의 경계 개념이 한 제국에 기원을 둔다는 주장에 대해서는 Nicola Di Cosmo, "Han Frontiers: Toward an Integrated View," *Journal of the American Oriental Society* 129, no. 2(April 2009), pp.199-214.

13) Mei-yu Hsieh and Mark Edward Lewis, "Tianxia and the Invention of Empire in East Asia," Ban Wang ed., *Chinese Visions of World Order: Tianxia, Culture, and World Politics*(Durham: Duke University Press, 2017), pp.25-48; Wang Mingming, "All Under Heaven(Tianxia): Cosmological Perspectives and Political Ontologies in Pre-Modern China," *HAU: Journal of Ethnographic Theory* 2, no. 1(March 1, 2012), pp.337-383; 趙汀陽, 『天下體系: 世界制度哲學學論』(南京: 江蘇教育出版社, 2005)(자오팅양, 노승현 옮김, 『천하체계: 21세기 중국의 세계인식』, 길, 2010).

위계질서를 강조하던 유교만큼이나 당시 세계에 매우 중요했다. 중국이 이웃을 대하는 이 방식(때로는 "조공 체제tribute system"라 불렸다)은 체제라고 불리기에는 덜 체계적이었으나, 단순한 조공 그 이상을 의미했다.[14] 중국 각 제국의 조정 관료들은 제국과 이웃 정치체 간의 관계를 표현하는 올바른 방법을 찾기 위해 고심했다. 예를 들어 봉신국藩, vassal, 조공국貢國, tributary 같은 표현 등이다.[15] 현실적으로는 민족·지리적 지식의 부정확함을 고려한다면 같은 나라라 하더라도 중국과 언제 어떻게 접촉했느냐에 따라 서로 다른 이름으로 표현될 수 있었다. 제국의 관점에서 중요한 것은 주변국이 말로든, 행동으로든, 조공품으로든, 제국에 복종한다는 사실 그 자체였다.[16]

그러나 주변에서 바라보았을 때 제국 질서가 다르게 보였다는 사실을 이해하는 것이 중요하다. 심지어 주변이라는 개념조차 논쟁거리가 될 수 있다. 앞으로 살펴보겠지만 제국이 주변이라고 불렀던 지역이 스스로 중심임을 선포하거나, 혹은 유교적 질서에 꼭 필요한 존재로 자신을 정의하기도 했다. 그러나 흔히 제국이 정의했던 예禮, rituals(개인적인 행동 원칙, 조공

---

14) J. K. Fairbank and S. Y. Teng, "On the Ch'ing Tributary System," *Harvard Journal of Asiatic Studies* 6, no. 2(1941), pp.135–246, 그리고 최근의 비평으로는 Peter C. Perdue, "The Tenacious Tributary System," *Journal of Contemporary China* 24, no. 96(November 2, 2015), pp.1002–1014.

15) Pamela Kyle Crossley, Helen F. Siu, and Donald S. Sutton, eds., *Empire at the Margins: Culture, Ethnicity, and Frontier in Early Modern China*(Berkeley: University of California Press, 2006). 그리고 Feng Zhang, *Chinese Hegemony: Grand Strategy and International Institutions in East Asian History*(Stanford: Stanford University Press, 2015)의 특히 제2, 3장을 보라. 제국과 봉신국이라는 용어에 대한 논의에 대해서는 Timothy Brook, "Great States," *The Journal of Asian Studies* 75, no. 4(November 2016), pp.957–972.

16) 주권 개념(이는 맺음말에서 다시 서술한다)을 포함하여 가장 좋은 비교 연구로는 Timothy Brook, M. C. van Walt van Praag and Miek Boltjes, eds., *Sacred Mandates: Asian International Relations since Chinggis Khan*(Chicago: The University of Chicago Press, 2018).

품 등)는 중국 바깥에서 실행되었을 때 다른 의미를 지닐 수도 있었다. 중국 제국과의 의례적 상호작용은 무역을 통해 풍요로워질 기회 또는 새로운 기술, 의복, 음식을 접할 기회를 제공했다. 제국에게 종속의 상징으로 여겨졌던 것들이 경계 바깥의 사람에게는 제국의 양보로 인식되기도 했다.

앞으로 더 살펴보겠지만 한반도는 아주 오랫동안 중국 관리의 눈에는 제국 내의 존재와 그 밖의 다른 존재와 구분되는 존재였다. 아마도 이 관계를 중국어로 표현하는 가장 좋은 방법은 "가장 가까운 이웃" 또는 "가장 많은 혜택을 누리는 봉신국"일 것이다. 한반도는 중국 북쪽의 스텝, 서쪽의 산지, 남쪽의 정글, 그리고 동쪽의 섬과 달리, 중국 제국 안의 사람들에게 일종의 상수常數였다. 한반도는 일정한 인구와 정해진 경계가 있었다. 중국은 한반도를 자신들과 다른 타자로 인식할 만큼의 정보는 갖고 있었지만, 한반도는 자신들과 매우 친밀한 타자였다. 한반도인은 중화華의 일부였지 오랑캐夷가 아니었다. 비록 전통적으로 그들이 제국의 지배라는 축복을 완전히 경험한 적은 없지만 말이다.

이 책에서 다루는 중국의 두 제국은 명 제국과 청 제국이다. 명 제국은 1360년대부터 1640년대까지 약 300년을 통치했다. 청 제국은 1640년대부터 1912년까지 약 300년간 유지되었다. 이 두 제국은 중국사의 기준으로나 다른 국가의 기준에서든 장수한 정치체였다. 명과 청 제국은 공통점도 많았지만, 차이점도 있었다. 명 제국은 한족이 수립한 제국으로 '야만족' 원으로 대표되는 외세의 지배와 폭정에 대한 반작용으로 출범했다. 명 제국은 유교적 올바름correctness과 송 제국으로부터 문화적 유산을 이어받았다고 주장했다. 명 제국은 관료의 교육과 자기 계발, 그리고 중국 고전의 학습을 강조했다. 또 송나라의 과거 제도와 계층적인 관료제를 강화했다. 그러나 티모시 브룩Timothy Brook이 강조했듯이 명 제국은 자신의 주장과 다르게 바로 앞 시기에 존재했던 원 제국의 산물이기도 했다. 황제 전제권의 강조, 황제 개인에 권력을 집중하는 방식은 전통적인 중국 통치자보다는 몽골 칸khan의 방식에 더 가까웠다.[17]

17세기 초에 명 제국이 왜 멸망할 수밖에 없었는지에 대한 그 주요 원인을 이 책에서 다루지는 않는다. 그러나 청 제국 정복자들이 여러 사업을 통해 다시 유교적 올바름을 재건하고자 했다는 점을 언급할 필요가 있다. 명 제국이 유교적 올바름을 논하며 원나라의 폭정과 야만성을 비판했다면 청 제국은 명 제국 체제의 부패와 취약성을 공격했다. 1600년 초엽부터 자신을 스스로 만주족이라 칭하기 시작한 중국 북동쪽의 여진족은 예전에 금나라를 세운 경험이 있었다. 칭기즈 칸의 후예들이 고삐를 중국과 한반도로 돌리자 1230년대에 금나라는 멸망하고 말았다. 400년이 지나 만주족은 다른 세력까지 규합하여 중국 대륙을 정복하고, 우유부단한 명나라 시기에 잊히고 만 고대의 관습more과 절차를 복원한다는 청사진을 표명했다. 만주족 제국은 자신을 스스로 청淸이라 칭했고, 이 국호는 '깨끗하다'와 '순수하다'라는 의미 외에도 의식과 예법을 '정화'하고 '숙청'한다는 의미를 담고 있기도 했다. 많은 중국인이 '외부' 정복자인 만주족을

---

17) Timothy Brook, *The Troubled Empire: China in the Yuan and Ming Dynasties*(Cambridge: Harvard University Press, 2010)(티모시 브룩, 조영헌 옮김, 『하버드 중국사 원·명: 곤경에 빠진 제국』, 너머북스, 2014).

강하게 의심하고 증오했지만, 청은 자신을 유교적 전통을 체계화하고 이를 지키고 널리 알리는 힘과 의지를 지닌 존재로 생각했다.[18]

동아시아에서 청의 흥기는 유럽 제국들이 유럽 바깥으로 팽창하던 시기와 겹쳤다. 논쟁의 여지가 있지만, 이 초기 근대 제국들은 적어도 군사 조직과 보급의 측면에서 공통점이 많았다. 청은 자신이 중심이 되는 동아시아 지역을 창출했고, 이는 스페인, 영국, 프랑스 그리고 러시아가 아시아·아프리카 그리고 아메리카에서 팽창하는 것과 유사했다. 주변국을 고정된 패권 체제로 조직하고 관리하려고 했던 중국 제국이 바로 청 제국이었다. 청 제국은 군사·외교·문화·경제적 수단을 모두 활용했다. 역설적으로 청의 지배 방식은 존 갤러거John Gallagher와 로널드 로빈슨Ronald Robinson이 19세기 후반 중국에서의 영국의 지배 방식을 포착한 '비공식 제국informal empire'에 가까웠다.[19] 청 제국은 경제적 수단보다는, 문화·이념적 수단을 때로는 강압적으로 활용했으며, 군사적 위협을 가하기도 했다.[20]

이 책의 배경은 지난 300년 동안 일어난 전 세계적인 규모의 제국의 극적인 흥망성쇠이다. 19세기에 제국은 전 지구적으로 볼 때 최전성기에 있

---

18) 이제는 고전이 된 Frederic E. Wakeman, *The Great Enterprise: The Manchu Reconstruction of Imperial Order in Seventeenth-Century China*, 2 vols.(Berkeley: University of California Press, 1985).

19) John Gallagher and Ronald Robinson, "The Imperialism of Free Trade," *The Economic History Review* 6, no. 1(1953), pp.1−15. 비공식 제국 개념을 먼저 소개한 연구로는 C. R. Fay, "Chapter XI: The Movement Towards Free Trade, 1820−1853," *The Cambridge History of the British Empire*, vol. II(Cambridge: Cambridge University Press, 1940).

20) 왕궁우가 지적했듯이, "힘, 특히 지속하는 힘 없이는 안정적인 '조공' 체계는 존재할 수 없다는 점은 확실하다." Wang Gungwu, "Early Ming Relations with Southeast Asia," John King Fairbank ed., *The Chinese World Order*(Cambridge: Harvard University Press, 1968), p.60.

었다. 부와 영향력을 향한 유럽 열강 간의 치열한 경쟁은 아프리카와 동남아시아의 분할로 나타났다. 1900년까지 전 세계 곳곳이 유럽 제국주의의 영향 아래 있었고, 특히 영국 제국은 전 세계의 4분의 1 이상을 차지하고 있다고 선언했다. 미국과 일본도 이 무렵 제국의 대열에 합류했다. 아편전쟁 이후 제국주의 팽창의 희생양이기도 했던 청 제국도 이 대열의 끄트머리에 있었다. 청 제국은 과거 동아시아에서 누리던 제국의 우월권을 유럽식 제국주의로 변환하고자 했는데 이 주제와 관련해서는 책의 중반부에서 다시 다루도록 하겠다.[21]

민족?

이 책에서 민족nation을 말할 때 이는 한반도의 한민족韓民族을 지칭한다. 명과 청은 다양한 정체성을 지니고 있지만, 누구도 명 민족, 청 민족을 쉽사리 떠올리지 못한다. 그들은 제국이나 대국大國이었으며 그 안에는 지배적인 엘리트와 문화 아래 여러 집단이 존재했다. 그렇다면 20세기 이전의 한반도에도 민족이 있었다고 말할 수 있을까? 제국 개념과 마찬가지로 민족 개념 역시 논쟁의 여지가 많다. 많은 역사학자와 사회과학자들은 19세기 유럽 이외의 시공간에 민족 개념을 적용하는 것은 잘못되었

---

21) 이는 Kirk W. Larsen, *Tradition, Treaties, and Trade: Qing Imperialism and Korea, 1850-1910*(Cambridge: Harvard University Asia Center, 2011)(커크 W. 라슨, 양휘웅 옮김, 『전통, 조약, 장사: 청 제국주의와 조선, 1850-1910』, 모노그래프, 2021)의 주제이다. 제2장의 경우, 나는 라슨 교수로부터 가르침을 받았다. 그리고 이 책의 기초가 된 하버드대학교의 라이샤워 강연에 참석하여 논평해준 라슨 교수에게 매우 큰 감사를 전한다.

고, 심지어 위험하다고 생각한다. 민족 개념을 사용하는 일이 시대착오적인 것까지는 아니지만, 20세기에 형성된 민족주의의 신화에 동조하고 민족주의의 신화와 자주 연결되는 타자 혐오와 결합할 수 있다는 점에서 위험하며 부정확하다는 논리이다.

그리고 한반도인들은 오랜 시간에 걸쳐 응집된 정체성을 스스로 표현해왔고, 상대적으로 높은 문화적 동질성을 지녔다. 그렇기에 여러 역사가는 동아시아의 다른 어떤 지역보다 한반도에 민족의식이 일찍부터 존재했다고 주장했다. 뛰어난 한국인 역사학자인 김자현Jahyun Kim Haboush은 한반도 민족주의의 기원을 16세기 후반에 발발한 임진 전쟁(임진왜란)에서 찾는다. 그녀는 한반도 민족주의를 다음과 같이 설명한다. "민족의 출현에 관한 글을 쓰기로 했다. 왜냐하면, 조선 사회 전체로 확산되고, 수 세기 동안 지속적으로 확산된 강력함과 열정과 같은 역사적 현상을 설명하기에 '민족'이라는 관점이 가장 정확한 설명 틀이 될 수 있을 것이라 생각하기 때문이다. 이는 내가 전근대 시기 한반도가 둘로 나뉜 패러다임(옮긴이–민족을 바라보는 전통주의나 근대주의 시각)의 어느 쪽에 속한 민족이었는지 결정하길 원해서는 아니다."[22] 그녀는 한반도가 매우 독특한 민족 개념을 지니고 있으며 한반도인이 생각하는 민족에 대한 관점과 감각을 표현할 수 있는 적확한 영어 개념이 존재하지 않는다고 본다.

20세기 이전의 한반도 민족성을 따지기란 분명히 쉽지 않다. 그렇기에 몇몇 역사적 연구들은 한반도에 거주하던 사람들의 관습과 언어의 융합

---

22) Jahyun Kim Haboush, *The Great East Asian War and the Birth of the Korean Nation*(New York: Columbia University Press, 2016), p.13(김자현, 주채영 옮김, 『임진전쟁과 민족의 탄생』, 너머북스, 2019, 39–40쪽).

을 간단히 언급한다. 특히 언어의 융합은 약 2000년 전부터 시작되었다. 현대 한국어는 중세 한국어에 기원을 두고, 이는 아마 독자 여러분도 예측했겠지만, 중세 한국어는 고대 한국어와 연결되어 있다. 또 고대 한국어는 4세기 이전에 존재한 원原 한국어에 기원을 둔다.[23] 그러나 이는 전형적인 역사학자의 책임 회피이다. 구별이 가능한 것이 모두 다 민족으로서 유의미해지는 것은 아니다. 이 문제를 두고 의미 있는 논쟁을 하기 위해서는, 민족과 민족성에 대한 좀 더 일반적인 논의를 해보는 방식으로 우회할 필요가 있다.

널리 사용되는 민족에 대한 정의는 공통의 혈통·역사·문화·언어 등으로 통합된 사람들의 무리이자 특정한 국가나 영토에 함께 살고 있다는 정도다.[24] 이 개념 정의에서 중요한 부분은 바로 '공통'과 '함께 살고 있다'라는 점이다. 신화나 관습을 포함하여 단 하나의 공통점도 없는 민족을 상상하기란 쉽지 않다. 우리가 사는 지금의 사이버 시대에도 영토를 공유하지 않는 민족을 생각하기란 쉽지 않다. 물론 종교나 골상학骨相學을 중심으로 민족을 구성하려는 시도가 끊임없이 존재했지만 이를 두고 강한 비판이 있었다. 대부분의 사람에게 민족은 성인聖人의 존재나 외모적 차이 이상을 의미했다.

민족 담론의 복합성은 민족 담론이 기원을 두고 있는 19세기 유럽과 관련된다.[25] 민족의 기원의 일부는 유럽 계몽주의에 대한 낭만주의적 반발

---

23) Ki-mun Yi and Robert Ramsey, *A History of the Korean Language*(Cambridge: Cambridge University Press, 2011).

24) 이 정의는 현재 『옥스퍼드 영어사전*Oxford English Dictionary*』의 민족 정의와 유사하다.

25) 1765년에 출간된 디드로의 『백과전서(*Encyclopédie*)』는 '민족'을 "특정 지역의 특정한 경계를 지니고 살며, 같은 정부에 복종하는 사람의 무리"라 정의한다. "Nation," Denis Diderot and Jean le Rond

에서 찾을 수 있다. 이들은 국가 형성이 제공하는 새로운 합리성을 넘어서 집단적 진정성, 정체성, 순수성을 찾고자 했다. 민주주의의 약속도 민족주의 이상의 일부였고, 민족주의에는 사회 개혁의 이상도 포함되었다. 오직 정의로운 민족, 국가만이 민주주의를 실천하거나, 사회 복지를 실천할 수 있었다. 이는 이탈리아의 마찌니Mazzini와 같은 혁명가들의 사상이었다. 오직 민족만이 "인간의 자존이나 사명과 더불어 명성과 교육, 일 및 정당한 임금을 줄 것"이기 때문이다.[26] 이와 같은 생각 아래에 놓여 있는 근본적인 생각은 '민족'이 반드시 그리고 당연히 그 안에 살고 있는 사람들을 위해 봉사하는 정치 공동체, 즉 '민족국가nation-state'를 구성해야 한다는 사실이었다. 에르네스트 르낭Ernest Renan은 1882년에 이와 같은 낭만주의적 견해를 다음과 같이 요약했다. "하나의 민족은 하나의 영혼이며 정신적인 원리입니다. 둘이면서도 사실 하나인 것이 바로 이 영혼, 즉 정신적인 원리를 구성하고 있습니다. 한쪽은 과거에 있는 것이며, 다른 한쪽은 현재에 있는 것입니다. 한쪽은 풍요로운 추억을 가진 유산을 공동으로 소유하는 것이며, 다른 한쪽은 현재의 묵시적인 동의, 함께 살려는 욕구, 각자가 받은 유산을 계속해서 발전시키고자 하는 의지입니다."[27]

---

d'Alembert, eds., *Encyclopédie, oudictionnaireraisonné des sciences, des arts et des métiers, etc.*(Paris, 1765), vol. 11, p.36. 유럽의 여러 민족 구축에 동원된 야콥 그림(Jacob Grim)의 1846년의 민족(people) 정의는 『백과전서』의 정의와는 매우 다르다. 한 민족(people)은 같은 언어를 사용한다고 주장했다. Jürgen Habermas, *The Postnational Constellation: Political Essays*(London: Polity Press, 2001), p.6에서 재인용. 1840년대에 이르면 영토와 정치체는 문화라는 공통분모로 대체된다.

26) Giuseppe Mazzini, *Doveri del'uomo*(Duties of Man)(제3판, Rome, 1873), p.219(마찌니, 김광형 옮김, 『인간의 의무』, 박영사, 1977, 35쪽).

27) Ernest Renan, "What is a Nation?," Geoff Eley and Ronald Grigor Suny, eds., *Becoming National: A Reader*(Oxford: Oxford University Press, 1996), p.52(에르네스트 르낭, 신행선 옮김, 『민족이란 무엇인가』, 책세상, 2002, 80쪽).

그러나 19세기 유럽에는 과거나 현대의 제국의 형태와 유사한 민족에 대한 생각이 존재했다. 프랑스에서는 모두를 포괄하는, 민주주의적 민족이라는 혁명적 개념이 등장했다. 나폴레옹 보나파르트Napoleon Bonaparte는 혁명 프랑스를 제국으로 변모시켰고, 프랑스 제국은 한 세기 동안 다른 제국인 영국, 독일, 이탈리아와 경쟁했다. 몇몇 제국은 점점 더 민주주의적 속성을 띠었고 민족주의적 관념에 기초를 두었다. 트리니다드 출신 사회학자 크리샨 쿠마르Krishan Kumar는 "제국주의는 민족주의의 또 다른 이름에 불과한가? 아니면 민족주의는 민족주의 이데올로기 이전에 존재한 제국주의적 충동의 연속인가?"라고 물었다.[28] 여기에 더해 유진 베버Eugene Weber는 "오늘날 프랑스를 상징하는 유명한 별칭인 엑사곤 Hexagone(프랑스 영토가 육각형이라는 이유에서 붙여진 별칭)이 수 세기에 걸쳐 진행된 제국적 식민화 과정을 통해 형성되었다"는 점을 지적한다.[29] 하버드 대학교의 역사학자 찰스 메이어Charles Maier는 "모든 민족은 한때 제국이지 않았는가?"라 질문한다.[30]

민족 개념을 탐구하는 과정은 '인민'과 '영토'가 역사적으로 어떻게 구성되었는지와 관련된 문제를 넘어선다. 어네스트 겔너Ernest Gellner의 주장을 따라 어떤 학자들은 민족주의자들이 민족을 만드는 것이지, 그 반대는 아니라고 이야기한다. 민족주의자들은 그들이 정의한 민족적인 것과 정

---

28) Krishan Kumar, "Nation-states as Empires, Empires as Nation-states: Two Principles, One Practice?," *Theory and Society* 39, no. 2(2010), p.133.

29) Eugene Weber, *Peasants into Frenchmen: The Modernization of Rural France, 1870-1914*(Stanford: Stanford University Press, 1976), p.485.

30) Charles Maier, *Among Empires: American Ascendancy and Its Predecessors*(Cambridge: Harvard University Press, 2006), pp.28-29.

치적인 것을 결합하여 하나의 실체로 만들어내기를 원한다. 이를 통해 민족주의자들은 이데올로기적 패권과 권력 그리고 영향력을 획득한다. 민족주의와 같은 이데올로기는 특정한 사회·경제적 조건에서 성행하며, 민족은 주로 지식인 계층이 주도하는 극적인 상상의 결과물이다. 동유럽의 지인들은 성공적인 민족주의 운동 뒤에는 항상 반쯤 정신 나간 역사학자가 있다고 나에게 말해준 바 있다.[31]

민족주의와 민족이 취하는 형태는 그들이 만들어지는 순간에 따라 다르다. 많은 경우, 특히 유럽에서 '민족'은 배제에 관한 것이었고, 누가 여기에 속하지 않느냐의 문제와 관련되었다. 유럽 이외의 지역, 예를 들어 탈식민 국가의 경우, '민족'은 민족국가 형태의 정치적 구상에 다양한 집단을 총망라하는 연합과 포함을 의미했다. 각 과정은 매우 논쟁적이고 폭력적일 수 있었다. 이는 제거와 종속, 대량 살인으로 이어지기도 했다.

한반도의 경우 누군가를 배제하는 문제보다도 민족의 명확한 속성이 더 중요했다. 김자현과 다른 많은 한국인 역사학자가 말하는 것처럼 한반도 정체성의 발견은 이웃 나라인 중국과 일본의 엄청난 압력 속에서 이루어졌다. 처음에 그 과정은 매우 명확했다. 한반도인은 중국의 일부가 아니었고 일본에 복종하지 않았다. 북쪽과 서쪽에는 중국 제국이 있었고, 동쪽의 섬에는 강력한 일본의 지도자들이 있었지만, 반도에는 한반도인이 있었다. 한반도는 주로 문화·언어적으로 정의되었으나, 한반도는 정치적으로 독립을 누렸고 제도적인 실체가 있었다. 조선 초기에 일어난 일들은 매우 민족적인 담론으로 이는 훗날 유럽과 중국과 일본, 탈식민 세

---

31) 증거가 필요하다면, 유고슬라비아의 역사와 유고연방 해체 이후의 역사를 공부해보기를 추천한다.

계에서 일어난 일과 유사했다.

물론 어떤 이들은 이와 같은 주장을 두고 한반도의 동질성을 과장하거나, 과거를 지나치게 지금의 관점에서 해석하는 것이 아니냐고 물을 수도 있다. '제국'과 마찬가지로 '민족'은 19세기 유럽에 기원을 둔 개념이기 때문이다. 15~16세기의 한반도인은 그들의 나라를 '국國'이라 표현했고 이때의 국國은 인민과 영토 모두를 뜻했다.[32] 물론 한반도인은 그들이 처한 상황을 이해하려고 했을 뿐이지, 유럽의 특수한 '민족' 개념에 영향을 받지 않았다. 민족이라는 용어의 사용 및 유사성에 대한 논의는 의미가 있지만, 이용 가능한 역사적 자료를 넘어서 그 유사성을 과도하게 강조하면 안 되며 이는 매우 신중하게 해석해야 한다.

마찬가지로 한반도에서의 20세기 민족주의와 그 이전의 민족주의 사이에는 매우 큰 차이가 있다는 점을 인식할 필요가 있다. 지난 100년간 한반도의 강렬한 민족주의는 여러 가지 면에서 이전의 과정에 주목하기 어렵게 한다. 오늘날 많은 한반도인은 민족의 역사가 매우 유구하고 중요하다고 생각하기 때문에, 한반도의 민족 개념이 다른 나라보다 먼저 등장했다는 주장은 나쁜 역사나 의심스러운 주장 속에 휩쓸려버릴 수도 있다. 20세기부터 한반도인은 유럽식 민족 개념을 채택했고, 때로는 비역사적으로 이 민족 개념을 그들 자신의 과거에 적용해왔다. 어떤 면에서 보더라도 한반도인의 민족주의 인식은 역사적 변화나 외부의 영향을 완전히 배제하고 있다. 앞으로 해야 할 과제는 21세기에도 여전히 뜨거운 민족

---

32) 물론 근대 초기 한반도에도 누구를 배제할 것인가의 문제는 존재했다. '국國(나라)'에는 노비, 제주도인이 포함되는가? 이를 지적해준 카터 에커트에게 감사를 표한다.

개념으로부터 한반도 역사의 주목할 만한 부분을 구해내는 것이다.[33]

의로움

세 번째로 설명해야 할 개념은 '의로움Righteous'이다. 유교적 사고방식에서 의로움은 도덕적 적합성, 충성심, 원리에 대한 충실함을 의미한다.[34] 의로움의 개념을 한반도(혹은 한반도인의 정치)에 적용할 때 이는 대부분의 한반도인이 특별히 더 의롭다거나, 의로움에 더 사로잡혀 있다는 의미가 아니다. 나는 한국의 역사에서 의로움이 궁극적으로 좋은 가치로 선언되거나, 국내외를 막론하고 억압적인 정권에 대항하는 기치로 소환되었다는 사실에 주목했다. 1590년대 일본의 점령에 대항한 조선인 군대와, 한 세대 이후 만주족의 조선 침공에 대항했던 조선인 군대는 모두 '의병義兵'으로 불렸고, 이는 20세기 초의 식민지화에 대항하는 경우에도 마찬가지였다.[35]

내가 생각할 때 그 연결고리는 600여 년간 한반도 역사에서 중요한 역할을 한 성리학(신유학) 사상이다. 우리가 오늘날 성리학이라고 알고 있는

---

33) 이는 프라센지트 두아라의 생각에서 영감을 받은 것이다. Pransenjit Duara, *Rescuing History from the Nation: Questioning Narratives of Modern China*(Chicago: University of Chicago Press, 1995)(프라센지트 두아라, 문명기 외 옮김, 『민족으로부터 역사를 구출하기: 근대 중국의 새로운 해석』, 삼인, 2004). 한국사의 경우, Stella Xu, *Reconstructing Ancient Korean History: The Formation of Korean-Ness in the Shadow of History*(Lanham: Lexington Books, 2016).

34) Chung-Ying Cheng(成中英), "On Yi as a Universal Principle of Specific Application in Confucian Morality," *Philosophy East and West* 22, no. 3(1972), pp.269-280.

35) 의병 개념은 한국사에서 자주 등장하는데, 이는 '의용병' 혹은 '민중의 군대'를 뜻한다.

것은 당나라 말기에 등장했고, 이는 11~12세기 송 제국 시기에 완전히 무르익었다.[36] 성리학 사상의 표면적인 목적은 불교와 도교의 영향을 많이 받아 오염된 고전 유교를 구하고, 이를 공자가 의도했던 대로 재건하는 것이었다. 실제로 성리학의 여러 사상은 적어도 형식적으로는 완전히 새로웠고 이는 문명화된 인간이 어떻게 살아야 하는지에 대한 원칙과 실용적인 규칙을 제공했다. 성리학은 중국사의 새로운 단계를 위한 합리주의적인 윤리 철학이었다.[37]

성리학적 사고방식을 발전시킨 위대한 사상가들이 송 제국 시기에 다수 존재했지만, 성리학의 가장 중요한 사상적 조직자는 1130년에 중국 남동 해안 지역의 복건성의 산촌에서 태어난 주희朱熹였다. 주희는 송 제국의 관리로서는 큰 성공을 거두지 못했다. 그러나 여러 사상을 분석, 종합해내고 정전正典을 집필했다는 점에서 본다면 주희는 동아시아 역사에서 제일 중요한 인물일 것이다. 주희는 고전 유교의 우주론적 구조를 무시하지 않으면서 오늘날까지 중국, 한국, 일본에 영향을 미친 지식·윤리·통치의 형태를 만들어냈다.[38]

주희에 따르면 존재의 최고 원리는 태극太極이며, 인간 세계는 모든 공동체가 생기기 전부터 존재한 태극에 기원을 둔다. 태극의 원리는 직접 무언가를 하지 않는다는 점에서 적극적이지 않고, 신神 개념과는 다르다.

---

36) 중국어로 성리학은 유교적 사고방식에 대한 원리를 공부하는 학파라는 뜻에서 '이학(理學)'으로 불렸다.

37) Peter Bol, *Neo-Confucianism in History*(Cambridge: Harvard University Press, 2008)(피터 볼, 김영민 옮김, 『역사 속의 성리학』, 예문서원, 2010)는 좋은 개론서이다.

38) 주희의 사상에 대한 개관으로는 Wing-tsit Chan(陳榮捷), ed., *Chu Hsi and Neo-Confucianism* (Honolulu: University of Hawaii Press, 1986).

그러나 모든 인간 안에는 이 원리인 리理를 인식할 수 있는 능력인 성性이 내재하여 있다. 인간은 선하게 태어나지만, 태극으로부터 파생된 원리를 깨닫고 이에 따라 행동하기 위해서 교육을 받아야만 한다. 우리는 합리적·윤리적으로 행동하기 이전에 실제의 세계를 경험적 연구를 통해 파악해야 한다. 교육은 문제를 적절한 자리에 놓고, 좋은 사회와 좋은 삶을 만드는 데 필요하다.

주희의 철학은 사람들이 올바른 원칙을 깨닫고, 합리적으로 행동할 수 있도록 하기 위해서는 국가와 황제의 역할이 중요하다고 강조했다. 1177년에 완성된『논어』와『맹자』에 대한 주석서에서 주희는 통치에 대한 올바른 원칙을 강조했다. 주희는 다른 방대한 저작을 통해 지도력의 원칙을 더욱 강조했다. 주희는 박식한 송의 역사가 사마광의『자치통감』에 대한 비평을 담은『자치통감강목資治通鑑綱目』에서 역사적 사례를 통해 자신의 견해를 설명했다. 특히 주희는 의로운 정부를 논하는『대학장구大學章句』에서 위계적이고 통합주의적인 성리학 사상을 전면적으로 드러냈다. 주희는 황제의 개인적인 성정이 국가 안녕의 기초라 단언했다. 지도자는 마음을 수양하면서 사회와 그 안에 사는 사람을 변화시킬 수 있으며, 세계가 태극에서 나오는 원칙에 좀 더 가까이 갈 수 있도록 도울 수 있었다.[39]

주희와 그를 따르는 성리학자들은 의로움이 사물의 타당함이자, 가족과 사회, 국가 그리고 세계의 올바른 질서를 의미한다고 가르쳤다. 올바

---

39) Daniel Gardner, *Zhu Xi's Reading of the Analects: Canon, Commentary, and the Classical Tradition*(New York: Columbia University Press, 2003); Tsong−han Lee(李宗翰), "Different Mirrors of the Past: Southern Song Historiography"(Ph. D. Dissertation, Harvard University, 2008); 같은 저자의 "Making Moral Decisions: Zhu Xi's 'Outline and Details of the Comprehensive Mirror for Aid in Government'," *Journal of Song-Yuan Studies* 39, no. 1(2009), pp.43−84.

른 질서를 아는 것은 올바르게 행동을 하는 데 필요했다. 주희의 성리학 전통에서 의로움은 두 가지 측면을 지니는데, 이는 좋은 결과라는 증거물을 통해 보증된다. 먼저 하나의 측면은 원리에 대한 지식이다. 다른 하나는 정충잉成中英이 말하는 "상황에 맞게 덕을 바르고 적절하게 적용할 수 있는 의사결정 능력"이다.[40] 주희가 집필한 성리학 고전은 사물의 올바른 질서를 강조하고, 사람이 의로운 행동을 하도록 자극하려는 의도를 지녔다.

송나라 시기 성리학은 중국뿐 아니라 한반도에도 엄청난 영향을 미쳤다. 주희의 성리학은 송나라 후기와 원나라 시기를 지나면서 점점 더 중요해졌다. 명 제국 초기 국가는 점점 성리학적 사고를 통하여 통치의 방향을 정하기 시작했다. 15세기 초반 주희의 성리학은 명나라의 통치 이념이 되었다. 그리고 때때로 도전을 받기도, 수정을 가하기도 했지만, 성리학은 세계를 바라보고 국가의 역할을 생각하는 중국적 사고의 핵심으로 19세기 후반까지 남았다.

한반도에서 성리학은 특히 국가적 차원에서 더 많은 역할을 했다. 성리학은 고려 시대에 유입되었고, 이후 많은 논의가 진행되었다. 올바른 삶을 고취하기 위한 국가의 역할에 대한 주희의 논리는 조선 건국 세력에게 영감을 주었다. 앞으로 살펴보겠지만, 조선의 건국은 초창기부터 성리학적 기획이었다. 조선이라는 국가의 목적은 덕을 고취하고, 잘못을 바로잡는 데 있었다. 의로움의 원리는 정권이 부각한 윤리, 충성 등의 개념과

---

40) Chung-ying Ch'eng(成中英), *New Dimensions of Confucian and Neo-Confucian Philosophy: Contemporary Allegory and the Search for Postmodern Faith*(Albany: Suny Press, 1991), p.235.

연계되어 조선의 성리학에서 특별한 역할을 했다.[41] 의로움을 논하는 의리론義理論을 통해 조선의 관리와 학자 들은 중국과의 관계부터, 토지의 소유, 정치 제도에서 왕의 역할에 이르기까지 다양한 주제를 논의했다.

16세기 초 조선에서 성리학에 대한 치열한 논쟁이 진행되었다. 일부 논쟁은 중국 및 다른 지역으로도 전해졌다. 퇴계 이황李滉(1501~1570)과 율곡 이이李珥(1536~1584)와 같은 사상가들이 존재론적 문제를 다루는 광범위하고 복잡한 논쟁에 참여했다. 이를 통해 이들은 인간의 감정과 욕망의 기원이 어떻게 태극에서 유래했는지를 다루기도 했다.[42] 그러나 무엇보다도 성리학은 조선이라는 국가에 목적과 의미를 부여했다. 심지어 장군과 관료의 직함도 성리학적 선언으로 가득 차 있었다. 종3품 장군의 직위명은 '보의장군保義將軍'이었다. 이보다 3계급 낮은 장군의 직위는 종6품 '수의교위修義校尉'이었다. 그리고 국왕의 개인 호위부대의 이름은 '의흥친군義興親軍'이었다.[43]

이 책의 목적에 비추어볼 때 이데올로기와 겉으로 드러난 동기를 비판하는 일은 매우 중요하다. 조선은 물론이고 중국에서도 성리학은 교조화

---

41) 조선은 고려에 대한 충성심으로 조선을 섬기기를 거부했던 인사들을 제시하면서, 조선의 관료들 역시 이와 같은 길을 따르기를 기대했다.

42) Edward Y. J. Chung, *The Korean Neo-Confucianism of T'oegye and Yi Yulgok: A Reappraisal of the "Four-Seven Thesis" and Its Practical Implications for Self-Cultivation*(Albany: State University of New York Press, 1995); Hwang Yi, Edward Y. J. Chung trans., *A Korean Confucian Way of Life and Thought: The Chasongnok*(自省錄, Record of Self-Reflection) by Yi Hwang(Toegye)(Honolulu: University of Hawaii Press, 2016); Young-chan Ro, *The Korean Neo-Confucianism of Yi Yulgok* (Albany: State University of New York Press, 1989); 이정철, 「이이의 경세론의 성립과 그 정치적 배경」, 『사총』 75권, 2012, 163-193쪽.

43) Byonghyon Choi, trans, *The Annals of King T'aejo: Founder of Korea's Chosŏn Dynasty*(Cambridge: Harvard University Press, 2014), p.142(옮긴이-「문무백관의 관제」, 『태조실록』 1년(1392) 7월 28일).

되었고 시간이 흐르면서 그 정신은 퇴색되어 명나라와 조선 초기의 역량과 절박함을 상실했다는 점은 의심의 여지가 없다. 그러나 지배적인 이데올로기를 개혁하기 위해 얼마나 많은 노력과 열망이 이 두 나라에 있었고, 성리학을 그들의 현실에 적합하게 만들고자 노력했는지를 안다면 아마 놀랄 것이다. 이는 유교가 중국인과 한반도인, 그리고 다른 많은 사람의 문화에 있어 필수 요소가 되었기 때문일 것이다. 유교적 원리가 무엇인지를 이해하는 일은 한반도인과 중국인을 이해하는 데 있어 꼭 필요하다. 유교적 원리는 두 나라를 연결했고, 같은 원칙을 서로 다르게 이해하거나, 다르게 적용할 때 두 나라를 갈라놓기도 했다.[44]

명 과 조 선

14세기 후반 중국과 한반도는 향후 500년을 결정지을 중대한 정치적 변화를 겪었다. 몽골의 지배가 무너지면서 중국의 패권을 차지하기 위한 여러 반란 운동이 일어났다. 그중 정상에 오른 인물은 주원장朱元璋이었다. 안휘성의 농민으로 태어난 주원장은 그들 자신을 '홍건군'이라 부른 반란 조직의 뛰어난 군사 지휘관이었다. 1360년 그는 '밝다' 그리고 '찬란하다'라는 뜻을 지닌 '명明'이라는 이름의 자신의 분파를 구성했다. 8년후 다른 반란 운동을 평정한 다음, 그는 남경을 수도로 하는 명 제국의 홍

---

44) 한반도의 상황을 다룬 연구로는 Michael Charles Kalton, "The Neo-Confucian World View and Value System of Yi Dynasty Korea"(Ph. D. Dissertation, Harvard University, 1977).

무제로 즉위했다. 1381년 명나라는 몽골과 중국 내의 다른 경쟁자를 모두 격파하고 중국 전역을 지배하기에 이른다.[45]

명나라의 등장은 후세의 역사에 길이 남을 매우 중요한 사실이다. 그러나 더 주목해야 할 것은 주원장이 권력 장악 과정에서 성리학을 통해 통치를 공고히 했다는 점이다. 홍무제는 정규 교육을 거의 받지 못했으며 매우 다혈질적인 성격으로 잘 알려져 있다. 그는 자신에게 올바른 정책을 가르치려 드는 학자들을 매우 싫어했다. 그러나 그는 중국에서 몽골족의 지배를 끝내는 동시에 신생 명 제국에 사회를 함께 유지할 명분과 통합적인 이념이 필요하다고 생각했다. 이때 홍무제가 발견한 것이 바로 송나라 말기에 등장한 성리학이었다. 성리학은 홍무제 자신과 그의 통치를 과거의 중국과 연결했다. 또 성리학은 모든 학자와 관료 들에게 국가에 봉사할 의무를 강조했다. 성리학은 지도자의 자질을 두고 위계성을 강조했고, 이는 홍무제가 선호한 권위주의적 통치를 정당화하는데 활용할 수 있었다. 학자의 활동과 다른 사회적 움직임을 엄격히 통제하고, 이를 위해 엄청나게 잔혹한 수단을 동원하며 명나라 황제는 자신의 통치를 인정하고 중국을 개선할 수 있는 성리학이라는 이념적 도구를 발견했다.

명나라 황제들은 과거 원나라의 방식과 깔끔하게 결별했다고 주장했지만, 그들이 인정한 것보다 더 많이 명나라 황제들은 원나라의 통치 방식을 차용했다. 홍무제와 그 후계자들은 이전 중국 왕조의 황제라기보다는 오히려 몽골의 칸에 가까웠다. 그들은 관료 사회의 모든 부분을 개인

---

45) 명나라 초기에 대한 좋은 개관으로는 Timothy Brook, *The Troubled Empire*(티모시 브룩, 조영헌 옮김, 『하버드 중국사 원·명: 곤경에 빠진 제국』, 너머북스, 2014).

적으로 통제하고, 황실을 중심으로 한 통치 형태를 취하려고 했던 독재자 autocrat였다. 이와 같은 극단적인 중앙집권화는 황제의 개인적 자질에 의존해야 했기 때문에 효과적인 통치를 어렵게 하는 측면이 있었다. 역설적으로 명나라의 이와 같은 황제 중심 체제를 통해 새로운 유형의 대외 관계가 가능해지기도 했다. 비非중국 정치체들은 황제와의 다양한 관계를 통해 제국의 중심과 연결될 수 있었다. 이를 통해 명 제국은 활용할 수 있는 외교적 도구를 더 확보할 수 있었다.

30년을 통치한 홍무제의 제1의 과제는 제국의 기틀을 세우고 외국의 침략으로부터 그가 생각했던 중국의 경계선을 방어하는 것이었다. 그러나 그는 제국의 변경 지역과 올바른 관계를 맺고 싶어 했고, 한반도, 베트남, 태국, 버마 그리고 중앙아시아 지역에 홍무제의 즉위와 명 제국의 건국을 알리는 사절을 파견했다. 이는 매우 교묘한 작업이었다. 홍무제는 원 제국의 유산을 상속받았다고 하지 않고, 그 스스로 정복자라는 사실을 강조했다. 전투에서 성공을 거두었다는 사실은 천명天命이 그에게 있다는 점을 보증했다. 그가 스스로 고른 연호인 '홍무洪武'는 '널리 무를 알리다'를 뜻했으며 이는 홍무제의 자신감의 근원이기도 했다.

명나라 초 대외 관계의 경우 주변 국가들과 어떻게 관계를 맺을 것인지에 대한 마땅한 선례가 존재하지 않았다. 몽골족의 원나라의 경우 명나라가 그 방식을 수용하기가 어려웠고, 송나라 시기는 이제 시기적으로 다소 거리가 있었다. 게다가 명나라 관료들은 유교의 정통성 개념을 알고 있는 이웃 국가들이 안휘성 농민 출신인 주원장의 권위를 받아들이지 않을 수도 있다는 점을 어렴풋이 감지했을 것이다. 그러나 명나라의 경우 두 가지 장점이 있었다. 아직 건국 초기에 불과했지만, 명나라가 지닌 국력, 그리고 새로운 왕조가 몽골족이나, 튀르크족, 퉁구스족이 아닌 진정한 한족 왕조라는 점이었다.[46]

명나라 건국 초 홍무제가 고려 왕조와의 관계 복원에 나섰을 때, 홍무제는 매우 신중한 접근을 취했다. 의심할 여지 없이 홍무제는 고려가 명에 복속하기를 원했지만, 홍무제는 이를 다음과 같이 조심스럽게 표현했다.

하늘의 명에 따라 짐은 포의布衣로 중국의 군주가 되었다. 팔방八極에 있는 모든 오랑캐를 다스리고, 각자 서로 평안하게 살 수 있도록 하였다. 그들이 변경에서 제멋대로 날뛰지 않았기에 아직 망령되이 정벌을 일으킨 적은 없다. 고려는 하늘이 동이東夷의 땅에 있는 나라로 멀고 험한 곳에 세워졌다. 짐의 뜻은 소홀하여 불화가 생기도록 하지 않는 것이다. 고려의 사절은 각자 조용히 몇 번이나 복속을 청해왔으며, 그 언사와 뜻은 갈수록 견고해졌다. 신하들이 모두 이 청한 바를 받아들임이 온당하다고 말한다. 그러므로 일시동인一視同仁으로 교화가 미치지 않음을 따지지 않고, 그 굳건한 정성을 받아들이고자 한다. 전작前爵의 작의爵意를 잇고 본래 있던 관습에 따라 옛 제도를 지킬 것을 명한다. 오호! 오랑캐와 중국이 모두 안심하리라. … 지금 사절을 보내 인장을 주고, 고려 국왕으로 봉한다. 의례는 종전의 관습에 따를 수 있도록 윤허한다. 백성 무리를 보살피고, 의식을 받는 것에 힘쓰며, 사전

---

46) 명나라의 대외 관계에 관한 좋은 연구는 Feng Zhang, *Chinese Hegemony*; 萬明(Wan Ming), 『明代中外關係史論稿』(北京: 中國社會科學出版社, 2011).

祀典을 따라 예를 가르쳐 전한다면 자손은 대대로 이어질 것이다. 변경을 다스리고자 하면 복종할 것이며, 훈사訓詞는 나날이 평안과 복으로 더해질 것이다.[47]

몽골족의 대침략 이후 여전히 휘청거리고 있었던 고려 조정은 여전히 중국 정치의 향방이 어디로 나아가고 있는지 확신하지 못했다. 그러나 적어도 고려는 이론적으로나마 명의 조공국이 되자 기뻐했다. 그러나 고려는 동시에 여전히 명나라 군대가 완전히 격파하지 못한 만주의 북원 세력과 일정한 연계를 유지했다. 고려 조정의 한 일파는 중국의 정권 교체를 틈타 압록강 이북을 공격하여 과거의 영토를 수복하자고 주장했다. 홍무제가 고려 내부의 정치와 한반도를 둘러싼 상황을 알아채자, 그는 고려의 관리를 불신하고 그들이 제국에 헌신하지 않는다고 불평했다. "마땅히 덕을 닦고 행동을 고쳐야 한다. 그래야 나라를 지킬 수 있다. 어설픈 꾀를 부려서는 안 된다." 홍무제는 고려 국왕을 질책했다.[48]

1380년대와 1390년대 초반 사이에, 외교 문제를 둘러싼 의견 차이로 고려의 정치 상황은 혼란에 빠졌다. 그 결과 고려 국왕이 살해되고, 그 후계자들은 명나라의 승인을 받지 못했다. 고려 조정은 여러 일파가 투쟁을 벌였다. 1388년 우왕은 고려의 뛰어난 장군인 이성계李成桂에게 압록강을

---

47) 『명실록』, 「태조고황제실록」 44권, 홍무 2년(1369) 8월 14일, 866~867쪽. 저자 자신의 번역, 그리고 일부 번역은 Feng Zhang, *Chinese Hegemony*, pp.51~52에 수록된 영문 번역문을 참고했다(옮긴이—번역서의 경우 『명실록』 원문을 참고했다. 이하 『명실록』 번역에는 국립대만대학 김봉준 선생님의 도움을 받았다).

48) 『명실록』, 「태조고황제실록」 85권, 홍무 6년(1373) 10월 13일, 1519쪽. Feng Zhang, *Chinese Hegemony*, p.60에서 재인용. Dane Alston, "Emperor and Emissary: The Hongwu Emperor, Kwŏn Kŭn, and the Poetry of Late Fourteenth Century Diplomacy," *Korean Studies* 32, no. 1(2008), pp.104~147을 보라.

건너 만주로 진격하라고 명령했다. 이성계는 전략적으로 불리한 지역에서 명나라 군대와 대치하면 고려에 재앙적 결과를 초래할 수 있다는 이유를 들어 원정에 반대했다. 계속 진격하라는 명령을 받은 이성계의 부대는 국경 쪽으로 이동했다. 그러나 압록강의 위화도에서 열린 회의 이후 이성계는 돌이킬 수 없는 중요한 결정을 내렸다. 수도를 장악하기 위해 빠르게 회군한 이성계는 정적을 추방하거나 처형하고 우왕을 퇴위시켰다. 막후에서 4년간 통치를 한 이성계는 1392년 스스로 왕위에 올랐다. 그는 새 왕조를 '아침 해가 선명하다'라는 뜻을 지닌 조선朝鮮이라 불렀다. 이 국호에는 이성계의 통치 아래 한반도가 새로이 출발한다는 선언을 담았다.[49]

명 제국은 중국의 전통을 부활시키는 동시에 중국과 주변국의 관계를 규율하고자 했다. 명은 이를 정복과 유대cohesion의 독특한 기획 속에서 추구하고자 했다. 그러나 조선은 명의 기획보다 더 나아갔다. 이성계와 주변 신하들은 조선 사회를 완전히 새롭게 재조직하고자 했다. 그들의 이념적 도구는 주희 식의 성리학이었다. 인간의 행동, 국가 건설, 사회 발전을 위한 타협할 수 없는 일련의 이상을 제시한 성리학 말이다. 조선은 우주를 지배하는 도덕적 원칙에 따라 사회를 건설하고자 했다. 조화, 위계, 가족, 수양, 학습이 강조되었다. 그리고 조선은 '의'를 핵심 구호로 선포했다. 조선은 이념이 중심이 되는 국가였고, 때때로 사회적 규율과 국가에 대한 충성을 강조할 때 이는 교조주의로 흐르기도 했다.

14세기 후반 여전히 많은 것들이 막연한 상태로 남아 있었다. 훗날 조

---

49) 초기 조선의 역사에 대해서는 John B. Duncan, *The Origins of the Chosŏn Dynasty*(Seattle: University of Washington Press, 2000)(존 B. 던컨, 김범 옮김, 『조선왕조의 기원』, 너머북스, 2013).

선의 태조가 되는 이성계는 한반도에 500년 만에 새롭게 등장한 왕조를 공고히 해야 했다. 구 엘리트층을 포함하고, 여러 지방을 조선왕조의 통치 아래 통합해야 했다. 태조와 그 후계자들에게 성리학은 그들의 통치를 굳건히 할 수 있는 기치였다. 정도전鄭道傳과 같은 이데올로그는 새 통치자의 법과 행정 강령을 작성했고, 조선의 건국이 머금고 있는 '의'의 길을 강조했다. 동시에 태조의 신하들은 국왕의 책무를 강조했다. "백성의 마음을 얻기 위해서는 통치자는 덕이 있어야 합니다."[50] "전체적으로 볼 때 통치자는 국가에 의존하고, 국가는 백성에 의존합니다. 백성은 국가와 하늘, 통치자의 근본입니다. 백성은 지극히 약하나 힘으로 위협할 수 없으며, 지극히 어리석으나 잔꾀로 속일 수 없습니다."[51] 다시 말해서 조선은 통치자가 미덕을 지니고 유교적 의로움에 따라 백성을 다스릴 때만 정당하고 힘을 지닐 수 있었다.

유교적 덕치德治를 천명하면서, 조선 국왕은 새로운 국가를 안정시키기 위해 기존 권력자들과 수천 가지의 크고 작은 타협에 나서야 했다. 대부분의 유력 가문은 구성원 일부를 신정권의 관직에 참여시킬 수 있었다. 그러나 태조와 후계자들은 새로운 국가가 중앙집권 국가여야 한다는 점에서는 타협하지 않았다. 조선에서는 적어도 이론적으로 모든 것이 국가에 종속되었다. 지방의 행정도 중요했지만, 이는 중앙의 지시에 따라 이루어졌다. 성리학적 가르침에 바탕을 둔 새로운 교육 제도가 한반도의 중

---

50) Haesung Lee, "The Neo-Confucianism of the Joseon Dynasty: Its Theoretical Foundation and Main Issues," *Asian Studies* 4, no. 1(February, 2016), p.187(옮긴이-인용문은 정도전의 『조선경국전』(1394)에 나오는 내용이다).

51) 같은 글.

만주

함경도

압록강

두만강

평안도

•안주

•함흥

서한만

평양

동해

황해도

•해주

강원도

•개성

•강릉

경기도

인천•

•한성(서울)

•원주

•충주

충청도

•상주

•공주

경상도

•전주

•대구

전라도

•나주

황해

쓰시마 섬

대한해협

제주도

일본

지도 1-1. 1650년 무렵의 조선

앙부에 있는 한강 유역의 한성漢城에서 기획되었고, 이는 조선 전역에서 시행되었다. 그러나 주요 관심사 중 하나이자 조선의 경제적 기초였던 농업 부문에서는 타협을 할 수밖에 없었다. 조선 초 국왕은 모든 토지를 몰수하여, 정부 소유로 두고 이를 재분배하기를 원했지만, 실제 현실에서 토지 대부분은 사유지로 남았다. 물론 조선 정부는 줄곧 생산량을 늘리라는 지시를 내렸지만 말이다. 전반적으로 조선 초 성리학 혁명을 선언했지만, 정권이 공언했던 중앙집권화와 국가의 통제라는 큰 방향 아래 사회·경제적 변화는 점진적으로 진행되었다.[52]

태조 이성계는 명나라와의 관계를 규정하기 위한 시도를 했다. 홍무제는 고려의 쿠데타와 이후 진행된 정치적 변화를 바라보며 매우 놀랐고, 한반도의 상황에 점점 주의를 기울이기 시작했다. 어쨌든 고려는 명나라의 봉신국이었다. 어떻게 한반도인이 명의 허락 없이 구질서를 일방적으로 바꿀 수 있단 말인가! 홍무제는 건국 10년이 넘어가는 명나라 역시 '구'질서와 어느 정도 관련이 있다는 사실을 무시하고, 명나라와 조선의 관계에서 이루어진 예禮의 위반 문제를 두고 우려와 실망을 표시했다. 결국, 홍무제는 신하의 조언을 받아들여 한반도의 새로운 국가를 사실상 승인하기로 마지못해 동의했다. 이는 동의하지 않으면 전쟁이 발발할 수도 있었기 때문이다. 홍무제는 명나라의 안정뿐 아니라 북쪽과 서쪽 지역의 전쟁에 몰두하고 있었다. 그렇기에 그는 조선과의 전쟁이라는 위험을 감수할 수 없었다. 대신에 홍무제는 태조에게 다음과 같이 서신을 보냈다.

---

52) 이와 관련된 가장 좋은 개관서는 Martina Deuchler, *The Confucian Transformation of Korea: A Study of Society and Ideology*(Cambridge: Harvard University Press, 1992)(마르티나 도이힐러, 이훈상 옮김, 『한국의 유교화 과정: 신유학은 한국 사회를 어떻게 바꾸었나』, 너머북스, 2013).

천하의 모든 존재는 모두 짐의 자식赤子이니, 짐은 화복禍福의 기틀을 보여주고, 갱생할 수 있는 길을 열어줄 것이다. 그대가 회유한 천호千戶의 여진 사람을 경사京師로 보내어 지난 허물을 모두 고치게 하라. 짐은 그대가 스스로 교화를 행할 수 있도록 하며 오랑캐夷人를 다스리는 일을 허락하노라. 만약 천도天道를 거듭 어긴다면, 즉시 벌이 그대의 몸에 이를 것이니 후회하지 말라![53]

태조가 명과 관계 재설정을 위해 노력하는 동안, 왕자의 난을 비롯한 치열한 권력 투쟁이 벌어졌고, 태조는 지치고 우울한 상태로 1398년 왕위에서 물러났다. 태조의 퇴위는 조선 정국의 혼란을 초래했고, 이는 태조의 다섯 번째 아들 이방원이 1400년에 태종으로 즉위할 때까지 계속되었다. 명나라 지도자들은 조선의 정치가 공포정치로 돌아가고 있다고 보았지만, 조선 엘리트들은 최소한 이념적인 측면에서 신국가를 중국과 최대한 밀착시키고자 노력했다.

조선 초의 정치적 소요 이후, 서서히 새로운 행정·사회 질서가 수립되었다. 이 과정에서 조선 엘리트들은 그들이 생각하는 이상적인 '중국'의 기준에 맞추어 행동했다. 중국에 대한 직접적인 지식을 지닌 조선인은 별로 없었지만 말이다. 조선 국왕은 명나라와의 관계를 '큰 나라를 섬긴다'라는 의미에서 '사대事大'라 부르기 시작했는데, 이는 조선이 명 조정의

---

53) 『명실록』, 「태조고황제실록」 제228권, 홍무 26년(1392) 6월 18일, 3324-3325쪽(옮긴이-번역서의 경우 『명실록』 원문을 참고했다. 『명실록』 번역에는 국립대만대학 김봉준 선생님의 도움을 받았다).

호의가 필요했기 때문이기도 하지만 조선 지도자들이 한반도에서 하는 일을 사대의 논리를 통해 정당화하기 위해서였다. 사대는 기원전 4세기의 유교 문헌인 『맹자』에 나오는 것으로 "지혜로운 임금만이 작은 나라로써 큰 나라를 섬길 수 있습니다. … 천도天道를 즐겨 따르는 임금은 천하를 보전할 수 있고, 천도를 경외하는 임금은 자신의 나라를 보전할 수 있습니다."[54] 즉 '사대'는 명과 다른 외적의 한반도를 향한 간섭을 막는 방식이었다. 하지만 동시에 사대는 조선 정권이 천하에서 가장 강력한 국가인 중국과 친밀한, 독특한 이웃 국가임을 표현하는 방식이기도 했다. 그리고 명나라 초기 안팎의 여러 도전으로 명 황제는 사대를 주장하는 조선의 찬사panegyric를 받아들였으며, 조선의 국내 정치에 효과적으로 개입하지 못했다.

조선 정권은 성리학을 실용적으로 활용하기도 했지만, 조선 초기 성리학을 향한 한결같은 태도는 놀라운 수준이었다. 조선의 지배 엘리트들은 성리학을 조선 사회에 적용할 수 있다고 굳게 믿었다. 대부분의 엘리트는 성리학 이외의 다른 신념 체계를 뿌리 뽑고자 했다. 그들은 사회적 응집력과 위계적 조직을 강조했고 성리학의 보편적 적용 가능성을 진정으로 확신했다. 조선에서 성리학 혁명은 위에서 아래로 하향적으로 이루어졌고, 이를 통해 사회 윤리 체계를 시행하고 행정·교육·군사상의 변화를 이루고자 했다. 성리학 혁명의 목적은 유교적 원리를 통해 악습을 혁파하고, 선행을 장려하여 사회를 개선하는 데 있었다. 이는 국왕부터 농민에 이르는 모든 사회 계층에 적용되었다. 조정에서 성리학 이론과 실천을 다

---

54) 『맹자』, 「양혜왕 하」, 3-1.

루는 유학자literati들의 영향력이 늘어났고, 유학자들은 조선 지도층이 오래된 낡은 습관을 여전히 고수하고 있다고 비판하기도 했다. 15~16세기에 조선 국가가 발전하면서 유학자들은 유교적 덕목을 키울 수 있는 세 가지 방법(교육, 감독, 의례)을 더욱 강조했다. 이 과정을 통해 윤리적으로는 엄격하고, 유연함이 덜한 사회가 등장했지만 동시에 이는 눈에 띄게 응집력 있고 강하고 장기 지속할 수 있는 사회를 창출했다.

조선의 성리학 기획의 핵심에는 사회적 상호 관계에 대한 명확하고 구체적인 정의가 있었다. 그 핵심은 종종 3대 유대 관계(부자–군신–부부)로 일컫는다. 이 관계는 위계적이고, 이 위계의 핵심에는 일련의 의무가 존재한다. 예를 들어 아들, 신하와 아내는 복종해야 하고, 아버지, 군주, 남편은 이들을 보호하고 보살펴야 했다. 이러한 의미에서 조선의 이상은 유교적 사고의 오래된 형태와 유사했다. 그러나 조선 시대에는 이러한 유대 관계가 언어·의식·의례의 형태에 따라 사회 구성원 사이의 명확한 관계로 발전했다. 물론 매우 미시적인 수준에서 사회적 관리를 하고자 했던 시도는 항상 잘 작동하지는 않았다. 이는 조선 초 정치적 갈등과 혼란이 잘 보여준다. 그러나 시간이 흐르며 매우 많은 조선인이 성리학을 내면화했고 성리학의 규제를 받는 사회와 이를 잘 실천하려는 국가 내에서 적응하는 방법을 찾아냈다.[55]

15세기 조선에서의 성리학 혁명은 같은 시기 명나라에서 일어나는 것과 크게 다르지 않았으나, 조선의 성리학 혁명이 더 심층적이었고 장기적

---

55) Martina Deuchler, *The Confucian Transformation of Korea*(마르티나 도이힐러, 이훈상 옮김, 『한국의 유교화 과정: 신유학은 한국 사회를 어떻게 바꾸었나』, 너머북스, 2013).

인 효과를 낳았다. 두 나라가 모두 유교적 원칙을 존중했기에 이 둘은 하나로 결속했고, 조선의 사대 정책은 종종 부자간, 적어도 형제 관계로 표현되는 관계를 형성했다. 조선은 국경 북쪽의 여진족과 바다 건너의 일본을 견제할 때 명의 지원을 얻어내는 데 성공했다. 그러나 여진족과 일본을 상대하는 조선의 '대외 관계'는 명나라와의 봉신 관계보다 상당히 복잡했다. 15세기 내내 조선은 여진족 그리고 명나라의 영향이 닿지 않는 다른 부족들을 다루는 데 명나라와 경쟁을 벌였다. 영락제永樂帝(재위 1402~1424)가 접경지대를 모두 명나라에 편입하여 관리하려고 하자, 조선은 이에 경계심을 표했다. 태종은 조정에서 이렇게 발언했다. "우리 황제 (옮긴이-영락제)가 본래 큰 것을 좋아하고 공功을 기뻐하니, 만일 우리나라가 조금이라도 사대의 예를 잃는다면, 황제는 반드시 군사를 일으켜 죄를 물을 것이다. 나는 생각하기를 한편으로는 지극 정성至誠으로 섬기고, 한편으로는 성城을 튼튼히 하고 군량을 저축하는 것이 오늘날의 급무라고 여긴다."[56] 영락제가 서쪽으로 해양 팽창을 하고, 베트남을 명나라의 한 지방으로 복속시키려고 하자 조선은 명나라가 조선에도 이와 같은 조치를 취할 수 있다는 사실을 확인했다. 그러나 조선은 북쪽 국경 너머를 향한 개입을 멈추지 않았다. 조선 지도자들은 명 제국과 조선 사이의 만주를 일종의 완충 지대로 만드는 일이 조선의 안보를 전반적으로 확보할 수 있는 길이라 생각한 듯하다.

영락제의 즉위 이후 명나라는 수년간의 정치적 불안과 내전을 끝내고

---

56) Feng Zhang, *Chinese Hegemony*, p.76에서 재인용(옮긴이-이 기사는 『태종실록』 13권, 태종 7년(1407) 4월 8일).

안정을 되찾았다. 조카로부터 황제 자리를 무력으로 빼앗은 영락제는 경제력과 대외적 힘을 팽창하기 위한 대규모 사업에 착수했다. 무슬림 선장 정화鄭和의 지휘를 받는 항해단은 서쪽으로 나아가며 인도양까지 뻗어나갔다. 동남아시아와 중앙아시아에서 영락제의 외교정책은 한마디로 끊임없는 팽창이었다. 일부 역사가들은 이는 영락제의 복종과 복속에 대한 강박 관념에 기인하며, 더 근본적으로는 영락제의 제위에 대한 자신감 부족이 원인이라고 추측한다. 비록 1450년 이후 명나라의 해양 원정은 대부분 중단되고, 주변국들 역시 명 제국에 저항하기 위해 군사력을 자체적으로 증강하기 시작했지만, 영락제 시대는 명나라가 다른 국가들과의 관계를 조직하는 데 있어 하나의 유형을 형성했다. 그 핵심에는 명 제국과 황제의 (적어도 지역적 차원에서) 독특한 보편성이 존재했다. 이후 200년 이상 명나라 엘리트들은 이를 거부한 이들에 맞서 이 보편성을 지키기 위해 투쟁했다. 이는 명나라 황제 정통제正統帝가 오이라트 원정 당시 포로가 되던 위험천만한 순간에도 그러했다. 이러한 재난에도 불구하고 명나라의 예외주의는 지속되었다. 명 지도부는 즉시 정통제의 동생을 새 황제로 선포했고, 오이라트와 협상에 응하지 않았다. 그러면서 명 제국이 온 천하의 복지에 책임을 져야 한다고 선언했다.[57]

---

57) 권위의 측면에서 본다면 오이라트에 포로로 잡혔던 정통제가 풀려나 명나라로 급작스럽게 돌아왔을 때, 상황은 나아지지 않았다. 역설적으로 정통제는 1457년 다시 제위에 오르며 하늘의 뜻에 따른다는 뜻의 '천순(天順)제'가 되었다. 천순제는 대월의 황제 성종(聖宗, Thánh Tông)에게 다음과 같이 썼다. "오직 우리 황제만이 천명을 받았으며, 하늘의 은총에 부응하여 화(華)와 이(夷)를 다스린다. 만방(萬方)을 통일했고, 천하를 깊이 교화했다. 무릇 널리 사는 이들이 마음으로 복종한다." Timothy Brook, Walt van Praag, and Boltjes, eds., *Sacred Mandates*, p.62(옮긴이-저자의 쪽수 표기 오류를 수정했다. 이 기사는 『명실록』, 「영종 실록」 337권, 천순 6년(1462) 2월 25일의 기사이다. 번역서의 경우 『명실록』 원문을 참고했다. 『명실록』 번역에는 국립대만대학 김봉준 선생님의 도움을 받았다).

명나라 시기 동안의 명–조선 관계에는 안보, 영토, 주권, 상품, 관념, 기술의 교환 등이 포함되었다. 영락제의 시대를 지나면서 명–조선의 관계는 안정되었다. 이는 뒤이어 등장한 조선 지도자들이 명나라 황제가, 명나라의 외적 국력에도 불구하고 조선을 식민화하려는 의사가 없다고 확신했기 때문이다. 조선인은 강한 이웃 국가의 침략을 막기 위한 보장으로, 중국과의 모든 교류에서 엄격한 의례를 지켜야 한다고 생각했다. 특히 이 의례의 내용이 중요했다. 용어와 구절은 과거의 선례에서 나왔고, 가능하다면 이는 매우 핵심적인 유교 경전corpus을 따랐다. 상호작용이 어디에서 일어나느냐도 매우 중요한 문제였다. 이는 만남이 이루어질 때 의례의 질과도 연결되는 문제였다. 그중에서도 양국 관계가 긴장되었을 때 북경의 자금성에서 이루어지는 의례의 표현과 수준은 매우 중요했다.[58] 의례의 숨겨진 의미는 항상 같았다. 명나라는 조선의 상국上國이라는 점이었다. 유교 경전에 나오는 형과 동생의 관계에 존재한 권리와 의무는 두 국가의 관계에도 적용되었다. 동생은 형을 존경하고 따르고, 형이 필요로 할 때 그를 돕고 다른 사람들 앞에서 형을 높여야 했다. 형은 동생을 보호하고 깨우쳐주어야 했고, 다른 사람들 앞에서 동생을 대변하고, 그리고 동생에게 주의를 시키고 자비를 베풀어야 했다. 또 형제는 힘을 모아 가족의 부와 명예, 지위를 보존하고 확장하기 위해 노력해야만 했다.

중국–한반도의 형제적 관계는 적어도 형식적으로 명나라와 청나라 시기를 거쳐 19세기 후반까지 지속되었다. 1864년 청 국경 지역에서 목재를

---

58) Joshua J. Van Lieu, "Chosŏn–Qing Tributary Discourse: Transgression, Restoration, and Textual Performativity," *Cross-Currents: East Asian History and Culture Review*(e–Journal), no. 27(2018), p.81.

북원

차가타이 칸국

만리장성

황하

북경

직예만

태원

북직예

란주

산서

제남

섬서

산동

서안

개봉

하남

남직예

티베트

명 제국

남경

성도

무창

양자강(장강)

항주

사천

호광

절강

아홈

양자강(장강)

장사

남창

강서

귀주

복주

아바

곤명

복건

운남

계림

광서

광동

아유타야

랑산

대월

광주

통킹만

남중국해

해남도

송화강
여진족

동해

조선
●한성(서울)

일본

황해

태평양

지도 1-2. 1520년 무렵의 명 제국

둘러싸고 발생한 사건의 해결 방식은 당시 관계를 보여주는 사례이다. 조선 국왕은 사과를 표했고, 청 황제는 조선인이 필요하다면 목재를 공급하겠다고 약속했다. 고종은 다음과 같이 말했다.

> 정말로 황송하고 부끄러워 몸 둘 바를 모르겠습니다. 그런데 크나큰 성은 이 마치 하해河海와 같아 견책을 하지 않으셨을 뿐 아니라, 목재를 상으로 내려주시는 것을 허락하시고 관원을 보내 수령하도록 해주셨으니, 끝없이 감격하여 도무지 말할 바를 알지 못하겠습니다. 다만 공손히 관원을 교계交界 지역으로 보내 목재를 수령한 다음, 온 나라의 신민으로 하여금 우리 황상께서 소국을 아껴주시고, 먼 지역까지 감싸주시는 은덕이 옛 시대를 훨씬 뛰어넘는다는 것을 송축하도록 할 따름입니다."[59]

명나라 때 중국과 조선의 의례적 관계는 조공 사절을 통해 조직되었다.[60] 보통 조선 국왕은 매년 세 번의 축하 사절단을 보냈다. 한 번은 신년에 가는 정조사正朝使, 賀正使, 한 번은 황제의 생일에 파견되는 성절사聖節使, 한 번은 황태자의 생일에 가는 천추사千秋使였다. 하지만 추가로 동지 즈음에 감사나 위로, 황제의 덕을 칭송하거나, 말을 선물하거나, 황제의 현명함을 축하하는 사절단을 보내기도 했다. 사절단은 황제를 위해 여러 조공품을 준비했다. 여기에는 금, 귀금속, 돌, 표범이나 바다표범 가죽,

---

59) 같은 글, p.86(옮긴이—「조선의 권서국사(權署國事)가 보낸 문서」(1864년 11월 23일), 김형종 외 옮김, 「국역 청계중일한관계사료」1, 동북아역사재단, 2012, 39-40쪽).

60) Donald N. Clark, "Sino-Korean Tributary Relations Under the Ming," Denis C. Twitchett and Frederick W. Mote, eds., *The Cambridge History of China: Volume 8: The Ming Dynasty*(Cambridge: Cambridge University Press, 1998), pp.272-300.

차, 인삼, 곡식, 사람(노비나 어린 소녀, 환관) 등이 포함되었다.

조공과 관련된 관계를 이해하는 데 다음과 같은 사례가 도움이 될 수 있다.[61] 숙부를 이어 제위에 오른 가정제嘉靖帝는 1524년 생부와 생모를 황제로 추숭하기로 결정했다. 이에 중종은 즉시 진하사進賀使를 보내기로 했다. 이와 같은 결정에 조선 조정의 유학자들이 반대를 표했다. 그들은 가정제의 결정이 유교적 원리에 부합하지 않는다고 보았다. 그러나 중종은 소국이 대국을 섬길 때, 사대하는 국가가 대국의 결정을 두고 일의 옳고 그름을 두고 논쟁해서는 안 된다고 주장했다. 논쟁에서 중종이 승리했다. 가정제가 조선 사절단의 방문을 두고 기뻐했다는 소식을 들은 중종은 또 다른 사절단을 보내기로 결심했다. 이는 사절단을 잘 받아준 데에 감사를 표하는 조공 사절단이었다. 이는 중국 측이 조선이 조공을 바치려는 뜻을 누그러뜨려야 한다고 생각할 때까지 계속되었다. 어떤 명 관리는 대규모의 조선 사절단을 대접하는 데 드는 비용, 그리고 조선 사절단이 북경에서 황제에게 조공을 바치는 일이 아니라 다른 목적을 두고 방문한 것이 아닌가 우려하기도 했다.

중국 관리들이 봤을 때 조선 사절단의 목적은 개인적 유희, 정보 수집이었고, 그중에서도 무역이 제일 중요했다.[62] 조선 사절단이 북경에 도착하면 그들은 조선의 인삼과 모피에 좋은 가격을 제시하는 중국 상인을 만났다. 많은 조선인(과 중국인)이 이 무역에 참여하여 상당한 부를 얻을 수

---

61) 이 사례는 Seung B. Kye, "Huddling under the Imperial Umbrella: A Korean Approach to Ming China in the Early 1500s," *The Journal of Korean Studies*, 15, no. 1(2010), pp.41-66.

62) Gakusho Nakajima, "The Structure and Transformation of the Ming Tribute Trade System", Manuel Perez Garcia and Lucio De Sousa, eds., *Global History and New Polycentric Approaches: Europe, Asia and the Americas in a World Network System*(Singapore: Springer Singapore, 2018), pp.137-162.

있었다. 사절단이 북경과 한성에서 모두 거래를 할 수 있었다는 점에서 더 그러했다. 이들은 귀국할 때, 또 중국 사절단이 한성에 도착했을 때 그리고 사절단이 오고 가는 길에서 모두 무역을 할 수 있었다. 이러한 조공 무역의 가치를 따지는 일은 쉽지 않지만, 전체적인 상품의 양과 사절단의 횟수를 고려할 때, 이는 상당한 규모였을 것이다. 1368년 이후 약 200년 동안, 적어도 611번의 사절단이 조선에서 북경으로 떠났다. 여기에 좀 더 하급 관리들로 구성된 사절단, 조선과 국경을 접하고 있는 요령성으로 간 사절단도 추가된다. 양측의 관리와 상인은 조공 무역을 통해 부를 축적했고, 정부의 승인은 없었지만 이와 같은 사행使行 무역을 보호하고 확대하고자 했다. 특히 조선에서는 일부 유력 가문이 이를 '우리 무역'이라 언급해, 사행 무역이 가문 재정에 중요하다는 점을 드러내고자 했다.

상품만이 아니라 사상도 넘나들었다. 조선 사절단은 북경에 올 때마다 중국 서적을 사들여 귀국했다. 여기에는 유교 고전 논평서부터, 기술서, 춘화 등도 포함되었고 이들 책은 복사되고, 재간행되어 호기심 많은 조선인 독서가들에게 높은 가격으로 팔렸다. 16세기 말 북경의 한 학자는 "조선 사람들은 책을 정말 좋아한다. 그들 사절단은 50명 정도로 제한되지만, 이른 아침부터 그들은 책 시장을 방문하여, 제목을 베끼고, 만나는 사람들에게 책에 관해 묻는다. 그들은 그들에게 없는 책을 얻기 위해 고전이든 신간이든, 인기 소설이든 가리지 않고 돈을 쓴다."[63] 이러한 교류를 통해 명나라가 지닌 세계, 농업, 수력학 관련 지식이 조선으로 전파되었

---

63) Sunglim Kim, *Flowering Plums and Curio Cabinets: The Culture of Objects in Late Chosŏn Korean Art* (Seattle: University of Washington Press, 2018), p.73.

고, 종종 이러한 지식은 일본까지 전파되었다. 교류는 조선과 중국 학자들 간의 개인적인 만남으로 이어졌고, 이와 같은 만남은 평생 유지되기도 했다. 물론 이는 일방향적으로만 이루어지지 않았다. 조선을 방문한 중국 관료들도 조선 서적이나 본국에서 구하기 어려운 중국 서적을 수집했다.[64] 그러나 조선 국왕은 '중국발 정보'에의 접근을 제한하려고 했다. 하지만 때때로 소식과 지식에 대한 정권의 독점을 위협하기도 했지만, 중국과 조선의 사상 교류는 공식적인 접촉만큼이나 중요했다.

명나라와 청나라를 통틀어서 한성을 방문하는 제국의 사신은 그들이 하고 볼 수 있는 것에서 여러 제한을 받았다. 조선 지도자들로서는 중국 사신이 자국에 대해 너무 많은 정보를 얻거나, 관료 사회가 제공한 것보다 더 많은 접촉을 하는 일을 막아야 했다. 조선 국왕들은 중국의 이단적인 관점이 유입되어 때로 국가의 절대주의적 야망에 도전하기도 했던, 불만 세력에게 미칠 영향과 방향을 두려워했다. 당연하게도 조선은 제국이 수집한 정보가 조선이 위기에 처했을 때 다른 방식으로 사용될 수 있을까 염려했다. 조선 사절단은 북경과 중국 각지에서 정보 수집에 상당히 성공을 거두었고, 동시에 제국의 사절단 역시 정보 수집에 공을 들였다. 사절단은 중국에서 태어난 조선인이거나, 오래전 조공으로 바쳐진 환관인 경우도 있었다. 근대 초기 중국-한반도 관계에는 여러 가지 측면이 있었는데, 가장 중요한 것은 정보 수집과 첩보였다.[65]

---

64) Qian Chengjun, "A Research Review of Chinese Books Exchanged Between Ancient China, Japan and Korea and Their Influence," Susan M. Allen, Lin Zuzao, Cheng Xiaolan and Jan Bos, eds., *The History and Cultural Heritage of Chinese Calligraphy, Printing and Library Work*(Berlin: de Gruyter, 2010), p.239.

65) 구도영, 「16세기 조선 대명 사행단의 정보수집과 정보력」, 『대동문화연구』 95권, 2016, 85-120쪽.

16세기 조선인이 중국인보다 훨씬 더 세밀하게 관찰하고 있던 국제정세는 동아시아 지역의 또 다른 국가인 일본의 부상이었다. 수 세기 동안, 일본은 중국 제국과 조선의 관료들에게 바다 저편 동쪽의 야만인(그리고 문명의 영역 바깥으로 간주되었다)으로 조롱을 받아왔다. 그러나 일본은 중국과 한반도를 통해 수입된 관념과 관행을 통해 급속도로 성장하고 있었다. 일본은 정치적으로 분열되어 있었고, 15세기에는 일본의 몇몇 지도자들이 명나라와의 군신 관계를 통해 정치적 지위를 향상하고자 했다. 명나라는 이러한 일본의 제안에 미온적이었다. 왜냐하면, 일본 정치가 매우 혼란스러운 상태에 있었고, 명나라 조정에서도 일본과의 조공 관계를 맺는 문제에 대해 일본이 과연 조공 관계에 부합하는 문명 수준을 지니고 있는지를 두고 논쟁이 있었기 때문이다. 한편 조선은 해안 지역에서 왜구의 공격을 점점 더 많이 받기 시작했으며, 이와 같은 야만인의 흉포함을 황제에게 알리기 위해 북경으로 정기적인 보고문을 올렸다.

1570~1580년대에 일본의 유력 집단 간의 권력 투쟁이 격화되었고, 최종적으로 한 명의 다이묘大名(봉건영주)가 일본 전역을 그의 통치 아래 두는 놀라운 결과로 이어졌다. 그 주인공은 1586년부터 1598년까지 일본의 태정대신이었던 도요토미 히데요시豊臣秀吉였다. 일반적으로 잘 알려져 있듯이 히데요시는 자신이 통일 일본의 지도자일 뿐 아니라 세계 정복자가 되도록 선택받은 인물이라고 믿었다. 그는 조선을 통해 명나라를 공격할 계획을 차근차근 세웠다. 히데요시는 일본 통일 직전에 장군들에게 이렇게 말했다. "조선에 조속히 배를 띄워서 일본 천황에게 존경의 의사를

보이지 않으면 내년 정복에 나설 것이라고 전하라. 나는 내 생애에 중국도 정복할 것이다.” “우리는 명나라만이 아니라 인도, 필리핀 그리고 남쪽 바다South Sea의 수많은 섬을 모조리 정복할 것이다. 우리 일본은 세계에서 가장 눈부시고, 위대한 지위를 차지하고 있다.”[66]

그러나 16세기 후반 동아시아에서 명나라 중심의 국제 체제에 도전한 것은 일본만이 아니었다. 동시베리아에 근거지를 둔 퉁구스어족 계열의 여진족도 도전자에 그 이름을 올렸다. 여진족은 한때 북중국과 만주, 태평양 연안을 통치하는 금나라를 건국했다. 13세기 금나라가 몽골족에게 정복당하자, 여진족은 뿔뿔이 흩어졌지만, 조선의 북쪽 너머에 확실한 근거지를 마련했다. 1580년대 누르하치가 지도자로 등장하여 그 휘하로 여진족을 통합하기 시작했다. 1600년대 초 누르하치의 나라는 강성해졌고, 여기에는 정복의 대가에 유혹되거나, 명나라의 잔학한 통치와 부패를 비난한 누르하치에 동의한 중국인, 몽골인 그리고 조선인까지 참여했다. 1616년 누르하치는 금나라의 부활을 선언했고, 20년 후 누르하치의 후계자인 홍타이지는 여진족의 명칭을 만주족滿洲族으로 바꾸고, 금나라라는 이름을 청 제국으로 바꾸었다. 이는 명나라에 대한 공개적인 선전 포고였다. 명나라는 이들을 북방의 황무지 출신의 오합지졸의 무리로 보고 있었다.

일본과 만주족은 동아시아를 200년간 지배해온 안정적 질서를 뒤엎을 것이었다. 이전과 이후에도 자주 그러했듯이, 조선이 이와 같은 권력 교

---

66) Ji-Young Lee, *China's Hegemony: Four Hundred Years of East Asian Domination*(New York: Columbia University Press, 2016), pp.107-108에서 재인용.

체의 한복판에 놓였다. 1590년 히데요시는 선조에게 다시 한 번 편지를 보냈다. "나라가 멀리 있고 산과 강으로 막혀 있음을 개의치 않고, 한달음에 곧장 대명국大明國에 들어가 400여 주를 우리나라(일본)의 풍속으로 바꾸고 제도정화帝都政化를 널리 펴고자 하는 것이 나의 마음입니다."[67] 히데요시의 선언은 터무니없게 들렸다. 일본은 이제 막 분열과 전쟁의 시기를 벗어났는데, 그 나라가 모두에게 모범이 될 수 있다는 것은 믿기 어려웠다. 그러나 히데요시가 언급한 위대함의 이상은 그 자체로 명이나 조선의 성리학 기획이 시작되었을 때보다 더 터무니없지는 않았다. 그러나 일본의 지배가 투사되는 방식은 공간적인 거리가 있었고, 히데요시는 이를 실현할 수 있는 수단이 부족했다. 그는 명나라를 통해 보편적 지배에 대한 관념을 받아들였지만, 명의 홍무제나 조선의 태조와 같이 점진적 접근법과 협약을 통해 이를 소화해낼 시간이 부족했다.[68]

히데요시의 야망은 선조의 비웃음을 샀다. 조선은 명 제국에게 영원한 충성을 바친 국가였다. 선조는 히데요시에게 다음과 같이 적었다.

> 우리나라는 대대로 번봉藩封을 지켜 조공을 착실히 바쳐왔으며 제후의 법도를 어기지 않았기 때문에 중국도 우리를 대하기를 내복內服처럼 여기며, 알려줄 일이 있으면 반드시 먼저 알려주고 어려움이 있으면 서로 도와주어, 마치 한 집안의 부자父子와 같은 친분이 있습니다. … 대개 편黨을 든다는 것

---

67) William Theodore De Bary, Donald Keene, George Tanabe, and Paul Varley, eds., *Sources of Japanese Tradition*, vol. 1(New York: Columbia University Press, 2001), p.467에서 재인용(옮긴이―『선조수정실록』 25권, 선조 24년(1591) 3월 1일 기사를 참조하여 번역했다).

68) 이후 진행된 임진 전쟁에 대해서는 앞서 소개한 김자현의 책과 더불어 한명기, 『임진왜란과 한중관계』(서울: 역사비평사, 1999); Ji-Young Lee, *China's Hegemony*, 제4장.

은 편파적이고 배반적인 것을 말합니다. 남의 신하로서 편드는 자는 하늘이 반드시 죽입니다. 하물며 군부君父를 버리고 이웃 나라에 편든다면 더욱 그러할 것입니다. … 어찌 작은 나라로서 큰 나라를 도모하기 위하여 군사를 움직여 아득한 중국을 치려고 망동합니까? 아아! 다른 나라를 치자는 물음에 대해서도 인자仁者는 부끄럽게 여기는데 하물며 군부君父의 나라에 대해 어떻겠습니까? 우리나라 사람은 본래 예의를 가졌으므로 군부를 존경할 줄 알고 있으며 윤리와 규범 따위를 실추시키지 않았습니다. 따라서 사적인 교분의 후함 때문에 천부天賦의 상도常道를 바꿀 수는 없습니다.[69]

1592년 5월 23일(옮긴이-양력) 히데요시는 침략을 개시했다. 약 2만 명의 병력이 한반도 남부에 상륙하여, 일본인에게도 잘 알려진 항구도시 부산(동래성)을 포위했다. 조선의 저항은 즉시 분쇄되었다. 부산에서 얼마나 많은 조선인이 살해되었는지는 알 수 없지만, 그 수는 수천 명에 달했다. 다음 날 히데요시의 군대가 도달한 동래에서는 3,000명이 참수되고, 500명이 포로로 잡혀갔다. 잔혹한 내전을 경험했던 일본 군대는 자비를 베풀지 말라는 명령을 받았다. 일본군 지휘관은 조선인 사이에 공포와 혼란이 확산하여 일본인이 전쟁에서 그들의 진짜 목표인 명나라에 도달하는 일이 수월해지기를 기대했다.

200년간의 평화를 누리고 있던 조선은, 전쟁에 대한 대비가 허술했다.

---

69) Yoshi Saburo Kuno, *Japanese Expansion on the Asiatic Continent: A Study in the History of Japan with Special Reference to Her International Relations with China, Korea, and Russia*(Berkeley: University of California Press, 1937, p.304에서 재인용(옮긴이-『선조수정실록』 25권, 선조 24년(1591) 5월 1일 기사를 참고하여 번역했다).

마을과 도시마다, 무장과 훈련이 충분하지 못했던 조선군은 일본군에 패배했다. 일본군은 우수한 조직 이외에도, 화승총과 장사거리포를 지니고 있었고 더 좋은 무기와 더 좋은 질의 칼과 활을 보유했다. 때로는 일본군의 민간인 학살이 자행되었다. 이는 침략자에 민간인이 협력하지 않았기 때문이기도 하지만, 많은 경우 이들이 단순히 진격 방향에 존재했기 때문이었다. 6월 11일 일본군은 별다른 저항을 받지 않고 한성에 입성했다. 선조와 조선 조정은 이미 북으로 피난을 간 상태였다. 개성과 평양에서도 같은 상황이 반복되었다. 관리들이 달아나고 국가의 권위가 무너지고, 일본군이 도착하기 전에 이미 혼란과 무법천지가 된 지역도 있었다. 히데요시는 일본군의 진격을 보면서, 북경으로 일본 천황을 옮기고, 천황을 명목상의 지도자로 하여 자신이 지도하는 신동아시아 제국을 구상하기 시작했다.[70]

그러나 히데요시의 야망을 방해하는 두 가지 장애물이 있었다. 하나는 일본군이 자행한 학살에 대한 조선 백성의 분노였다. 다른 하나는 명 제국이었다. 명 제국은 조공국을 방어하는 행동을 서서히 취하기 시작했다. 명나라가 조선에 군대를 파병해야 할 것은 분명했으나, 언제 어떤 방식으로 파병할지가 문제였다. 만력제萬曆帝는 이미 서부의 반란을 진압하고, 북쪽의 몽골의 반란을 상대하고 있었다. 그는 1592년 여름에 요동 지방의 군대를 동원하여 조선을 도우라 명령했다. 만력제는 주력 부대를 조선으로 파병하는 일을 최대한 피하고자 했다. 만력제는 조선에게 중요한 원

---

70) Jahyun Kim Haboush, *The Great East Asian War and the Birth of the Korean Nation*, p.80(김자현, 주채영 옮김, 『임진 전쟁과 민족의 탄생』, 너머북스, 2019, 132쪽); J. Marshall Craig, "Visions of China, Korea, and Japan in the East Asian War, 1592–1598"(Ph. D. Thesis, Oxford University, 2015).

조를 약속했다.[71] 황제는 조선 국왕에게 칙서를 보내 다음과 같이 선포했다.

귀국은 대대로 동번東藩을 지켜오면서 평소 공순함을 다했소. 예의와 문물에 낙토樂土로 불리었소. 최근 왜노가 창궐하여 대거 침략하여 왕성王城을 함락시키고 평양을 점거했고, 백성이 도탄에 빠지고 사방이 소란하고, 국왕이 서쪽 해변에 피난하여 궁벽한 땅으로 달아났다고 들었소. 이토록 도탄에 빠진 것을 생각하니 짐의 마음도 측은하오. 어제 급한 소식을 전해 듣고 이미 변방의 신료에게 군사를 동원하여 구원하라는 칙서를 내렸소.[72]

1592년 가을 만력제의 신하들은 일본의 공세가 변덕스러운 섬나라인의 탈선이 아니라고 확신하기 시작했다. 이 공격은 제국의 북동부 지역에 대한 구체적이고 즉각적인 위험이었다. 형부시랑 여곤呂坤이 이렇게 상소문을 올렸다.

다만 조선이 (우리의) 동쪽 변방에 끼어 있고, 우리의 왼쪽 겨드랑이와 가깝습니다. 평양은 서쪽으로는 압록강과 이웃하고, 진주는 산동성의 등주登州

---

71) Harriet T. Zurndorfer, "Wanli China Versus Hideyoshi's Japan: Rethinking China's Involvement in the Imjin Waeran," James B. Lewis ed., *The East Asian War, 1592-1598: International Relations, Violence, and Memory*(Abingdon: Routledge, 2015), pp.197-235; James B. Lewis, "The Wanli Emperor and Ming China's Defence of Korea Against Japan," *International Journal of Asian Studies* 8, no. 1(January 2011), pp.73-80.

72) Jahyun Kim Haboush, *The Great East Asian War and the Birth of the Korean Nation*, pp.94-95(김자현, 주채영 옮김, 『임진 전쟁과 민족의 탄생』, 너머북스, 2019, 153쪽. 옮긴이-만력제의 칙서는 『선조실록』 30권 선조 25년(1592) 9월 2일에 기록되어 있다).

와 내주萊州를 직접 마주합니다. 만일 왜적이 조선을 점거한 후, 조선 백성을 빌려 군대를 만들고, 조선 땅을 가지고 먹고살고, 사람들을 모아 훈련해 명을 엿본다면, 우리나라에 들어와서는 조운을 끊고 국가의 창고通倉를 점거하고 우리의 밥줄을 끊으며, 우리나라에서 물러나서는 전라도, 경상도에 주둔하면서 평양을 지키고 우리의 요동을 엿볼 것입니다. 그러면 1년도 안 되어 북경은 곤란에 처할 것이니 이것은 국가의 큰 걱정거리입니다.[73]

1592년 겨울 명나라는 중앙군을 일부 동원했고 이들은 동북지방에 주둔하고 있던 부대와 합류했다. 1593년 1월 이들이 조선으로 진입했다. 2월 8일 조명 연합군은 평양을 탈환했다. 일본군은 반격에 대비하지 못했고 큰 피해를 입은 채 남쪽으로 빠르게 퇴각했다. 7,000명 이상의 일본군이 평양 공세에서 목숨을 잃었다. 히데요시는 이에 격노했고, 일본군 침략자들은 한성의 북쪽에 있는 한반도 중부에 진을 쳤다. 그러나 여기에서 그들은 또 다른 반격을 맞이했다. 침략 후 혼란스러웠던 몇 주가 지나자, 조선 관군과는 별개로 독립적인 비정규군이 모이기 시작했다. 선조는 필사적으로 모든 조선인이 무기를 들고 나라를 지킬 것을 촉구했다. 늦가을까지 이들 비정규군 중 일부는 자신을 의병이라 칭하면서 일본군에 약간의 피해를 주기 시작했고, 이에 일본군은 다시 민간인들에게 끔찍한 복수를 행했다. 한글을 사용한 최초의 격문이 공적으로 사용되었다(이는 일본인이 이를 쉽게 해독할 수 없도록 하기 위함이었다). 격문은 일반 조선인이 적과 싸

---

73) 한명기, 『임진왜란과 한중관계』, 역사비평사, 1999, 32쪽에서 재인용(옮긴이—이는 여곤의 상소문 「우위소憂危疏」의 내용이다).

워야 할 의무를 강조했다. 이 격문에 대해 김자현은 다음과 같이 말했다. "결국, 이는 도덕적 인간 존재로서 삶과 죽음의 의미와 조선인으로 남는 것의 의미 그리고 '금수 같은' 다른 존재로 바뀌지 않는 것의 의미라고 할 수 있는 개인적, 집단적 정체성을 숙고한 것이었다."[74] 국가는 전쟁에 실패했지만, 성리학 가치를 수세대에 걸쳐 교육받은 효과는 결정적이었다.

전쟁이 벌어진 해의 이름을 따서 한국인이 '임진왜란'이라 부르는 이 전쟁에 관한 중요한 책에서 김자현은 일본의 공격과 이후 벌어진 사건들이 조선인에게 민족에 대한 관념을 확인해주었다고 주장했다. 그녀는 민족 개념에 지속적인 영향을 미친 7가지 주제를 제시한다. 일본 침략자가 가한 잔혹한 행동 경험, 조상들이 살던 조선 땅에 대한 신성화, 조선 문화의 확인, 개인의 도덕적 의무와 헌신, 누가 나라를 위해 목숨을 바치고 희생할 것인가, 문명의 수호, 중흥과 평화에 대한 열망 등이다. 여기에는 중국이 문명의 중심에 있으며, 그 속에서 조선이 특별하다는 지위 의식, 희생과 취약함에 대한 강한 느낌을 추가할 수 있을 것이다. 의병은 이와 같은 틀에 정확하게 부합했다. 물론 자신의 집과 가족을 위해 싸웠던 평범한 조선인은 이를 좀 더 단순하게 직설적으로 표현했을 것이다. 그러나 그들에게도 '의義'의 관념은 조선적 미덕과 결합해서 사상의 중심에 있었다. 조선인은 이를 활용하여 사람을 모집하고, 조직하고, 싸우기 위해 활용했다. 일본군은 점점 더 의병을 위협적이라고 여기기 시작했다.

1593년 늦은 봄까지 일본군이 신속한 승리를 거둘 수 없다는 사실이

---

74) Jahyun Kim Haboush, *The Great East Asian War and the Birth of the Korean Nation*, p.34(김자현, 주채영 옮김, 『임진 전쟁과 민족의 탄생』, 너머북스, 2019, 74쪽).

명확해졌고, 명 제국을 정복한다는 애초의 계획 역시 틀어졌다. 전쟁은 개별적인 전투 단계로 들어갔고, 일본군은 병력을 집중시킬 수 있을 때는 승리했지만, 군대가 고립되어 공격을 받을 때는 매우 취약했다. 해전의 경우 일본군은 현지 지리에 밝고 소규모 함정의 기동성을 활용할 수 있는, 뛰어난 지휘관을 지닌 조선군에게 거듭 패배했다. 이순신 장군과 같은 조선군 수군 지휘관은 적으로부터 획득하거나, 중국에 전해 받은 화기의 사용법을 빠르게 습득했다. 적에게 큰 피해를 준 '거북선'은 강력한 방어 체계를 갖추었고 두꺼운 나무판과 날카로운 칼날을 통해서 조선인 수군을 보호했다. 일본군 지휘관은 몇 년 동안 지체되어온 명나라와의 평화 협상에 임했는데 이 과정에서 조선은 다소간 배제되었다.

전쟁 중 조선과 명나라의 관계는 양측 모두에게 복잡했다. 조선인은 조선군이 전투 대부분을 담당하고 있지만, 명의 지원이 조선의 생존에 중요하다는 사실을 잘 알고 있었다. 그러나 그들은 명나라가 보급에 있어 과도한 요구를 하고 있으며, 조선 민간인들에 대한 일상적인 학대, 그리고 명나라가 군사 전략을 독점하는 상황에 분개했다. 조선의 가장 큰 두려움은 명나라가 히데요시와 협상하여, 조선의 영토를 두고 흥정을 하는 것이었다. 중국 측은 조선의 허약함, 조직의 미숙함, 비겁함을 비웃었다. 명 조정은 몇몇 조선 관료, 지방관, 장군 들이 일본과 비밀리에 접촉했다고 의심했다. 몇몇 명 조정의 관료들은 선조를 강제로 폐위시키고, 조선을 제국에 편입시켜야 한다고 주장했다.[75] 비록 유교적 의무감을 지니고

---

75) Harriet T. Zurndorfer, "Wanli China Versus Hideyoshi's Japan: Rethinking China's Involvement in the Imjin Waeran," James Bryant Lewis ed., *The East Asian War, 1592-1598*, p.213(옮긴이-이는 담천(談遷), 『국권(國權)』 제76권, 4711쪽에 수록된 내용이다).

있던 만력제는 조선 점령안이 부적절하다는 인식을 보였지만, 그는 제국이 조선을 지원하는 데 드는 비용을 잘 알고 있었다. 서쪽과 북쪽 지역에서 군비가 지출되고 있었고 북동쪽 방면에서 명나라는 여진족의 공격을 억제하기 위해 노력하고 있었다. 명나라는 줄곧 조세 인상을 피하고자 했으나, 임진 전쟁으로 결국 황제는 조세를 인상할 수밖에 없었다.

약 2년간의 교착된 평화협상 끝에, 1597년에 일본이 조선을 침공하면서 다시 전쟁이 불붙었다. 히데요시는 적어도 명나라가 그를 동등한 존재로 인정하도록 할 수 있다고 믿었다. 그러나 일본으로 건너간 명나라 협상단은 히데요시에게 제국의 신하로 책봉 받을 기회를 주었을 뿐이며, 모든 권리와 의무는 제국의 신하로서만 제공되었다. 이에 격분한 히데요시는 또 다른 침략군을 준비했으며 이번에는 병력이 약 15만 명에 달했다. 명나라는 대규모 군대를 조선에 파병했다. 이번에 황제는 일본의 침략을 모른 척하지 않겠다고 결심했다. 결과는 처음과 마찬가지로 교착 상태였지만, 조선 민간인의 피해는 더욱 심각했다. 두 외국군 모두 조선인에게 노역을 강제하고, 식량을 징발했기 때문이다. 1598년 9월 18일 히데요시가 세상을 떠났다. 히데요시의 후계자들은 조선에서 철수하기로 했으나, 조선과 명나라 수군은 한반도 남해에서 일본 함대의 절반을 격파했다. 전쟁은 일본의 재앙이었지만, 최악의 피해를 본 건 조선이었다.

조선 조정은 조선인의 피해를 애도했다. 그러나 그들에게 가장 중요했던 것은 조선 정권이 버텨냈다는 사실이었다. 선조는 명나라에 더욱 의존하는 방법을 통해 정치적으로 생존했다. 대부분의 조선 엘리트에게, 선조는 개인적 자질, 충성심, 특히 의로움을 통해 명이 전쟁에 개입해 조선을 구하게 한 인물이었다. 그러나 선조와 그 측근들은 진실이 훨씬 더 복잡하다는 것을 알고 있었다. 전쟁 기간 명나라와 조선 관리들 사이에서는 군사적 문제뿐만 아니라 다양한 문제를 둘러싸고 긴장감이 감돌았다. 선조는 자신이 깊이 믿었던 명나라와의 이념적 유대가 조선을 구원하기에는 충분하지 않다는 점을 어렵사리 깨달았다. 그는 줄곧 실질적인 양보를 해야 했고, 끊임없이 중국 측에 조선의 종속과 복종을 이해시켜야 했다. 그 시련 속에서 선조가 후계자들에게 물려준 두 가지 원칙이 나왔다. 명나라는 조선을 일본으로부터 구해냈다는 점에서 위대함을 보여주었다. 그리고 조선은 조정과 나라의 이익을 수호했다. 이 두 가지 교훈은 조선이 국내외적으로 맞닥뜨린 상황에 따라 적절히 배합해야 하는 것이었다. 그리고 곧 선조의 후계자들은 이 원칙을 어려운 상황에 적용해야만 했다.

일본이 조선에서 철수하여, 바다 건너로 귀환하자 조선 국경 북쪽에서는 더 큰 문제가 발생하고 있었다. 여진 국가가 팽창하여, 만주족, 중앙아시아, 한족을 하나로 통합한 혼성hybrid 국가가 되자 조선 지도자들은 향후 혼란이 다가오고 있다는 점을 감지했다. 그들은 자신을 스스로 금나라라 부르는 나라 내에서 벌어지는 일을 잘 알고 있었다. 몇몇 조선인이 자발적으로 누르하치 휘하로 들어갔으나, 대부분의 조선인은 여진족이 일으키는 혼란에 휩쓸려 들어갔다. 이들 중 몇몇은 조선으로 정보를 보냈다. 이들이 보낸 첩보에 따르면 중국 전역 그리고 어쩌면 한반도를 모두 정복하기 위한 대규모 여진족 군대가 준비되고 있다는 것이었다. 조선의 공포는 1618년 5월 확인되었다. 누르하치는 조선의 국왕에게 서한을 보내 자신이 명나라에 반기를 들었으며, 자신의 적인 명나라를 돕지 말라고 경고했다.

이후 조선 조정에서는 격렬한 논쟁이 벌어졌다. 조선은 20년 전 일본과의 전쟁으로 황폐한 상태였고 아직 이로부터 회복이 되지 않았다. 따라서 일부 신하들은 조선이 명과 누르하치의 대결에 끼어들면 안 된다고 주장했다. 그러나 국왕을 포함한 다수의 의견은 명나라를 향한 조심스러운 원조를 주장했다. 명나라는 히데요시를 물리치는 데 도움을 주었기에 조선은 제국에 갚아야 할 빚이 있었다. 누르하치의 강력한 군대는 조선에게도 위협이며 명나라와의 동맹을 통해 이를 막아야만 했다. 신하 대부분은 여전히 명나라가 누르하치와의 대결에서 승리할 것이라고 믿었다. 그러나 명나라를 지지하는 핵심 논리는 그것이 의리 있는 행동이라는 점이었다는 사실이다. 조선은 명의 신하였다. 황제가 하늘의 명을 받드는 존재인 이상 조선은 황제에게 충성을 바쳐야 했다.

조선군은 1619년 2월 명 황제의 명에 따라 명나라 국경을 넘었다. 두 달 후, 조선군과 명나라의 북방군은 사르후(북경에서 640킬로미터 정도 떨어져 있다)에서 대치했다. 명−조선 연합군은 누르하치 부대보다 수적으로 두 배 정도 우세했으나, 그들은 처참히 패했다. 누르하치 부대는 잘 훈련되고 통합되어 있었고, 혈기 왕성했다. 이들은 명나라의 지배에 대항한다는 정당한 명분을 지니고 있었고 전투의 승리 이후 약탈을 기대하던 장군의 지휘를 받았다. 명나라와 조선군은 전혀 이를 갖추지 못했다. 그들은 황제와 국왕의 명령에 따라 전투에 나왔을 뿐이었다. 누르하치 부대가 공격을 강화하자, 명나라는 이에 맞설 수 없었다. 사르후 전투에서 명나라군은 5만 명 정도의 병력을 잃었고, 이는 여진족 부대 사상자의 10배를 넘었다. 동북아시아의 세력 균형이 바뀌고 있다는 점은 분명했다. 조선은 이와 같은 변화에 그 어느 때보다 더 노출되어 있었다.

명나라가 왕위 계승을 인정하지 않았고, 훗날 '광해군'이라 불리는 조선 국왕은 이제 어려운 선택을 내려야만 했다. 광해군의 정치·군사적 통찰에 따르면 만약 조선이 여진족과의 거래를 거부하면 향후 재앙이 닥칠 것은 분명했다. 그러나 광해군의 유교적 본능은 황제와 명나라에 충성을 요구하고 있었다. 조정에서는 이를 둘러싸고 격렬한 논쟁이 벌어졌고, 광해군은 누르하치와 조심스럽게 서신을 교환하기 시작했다. 명나라와의 전쟁에서 승기를 잡은 누르하치는 더는 조선과 협상을 할 필요가 없었다. 누르하치는 금나라를 명나라와 동등한 제국으로 인정하는 조약을 요구했다. 조선이 누르하치와 접촉하는 것을 들은 명나라 지도자는 감시관을 조선에 보내겠다고 위협했다. 명나라의 한 지휘관은 조선이 "이렇게 따를까 말까 눈치나 보면서 대충 얼버무리는" 태도가 매우 수치스럽다고 비판했다.[76] 조선에서 파벌 투쟁이 격렬해졌고, 1623년 친명파 관리와 군인들이 쿠데타를 일으켜 광해군을 몰아내고 광해군의 조카이자 당시 28세에 불과했던 인조로 왕위를 교체했다(인조반정).

친명파가 정권을 쥐고, 경험이 부족한 국왕이 즉위한 조선 앞에는 재

---

76) Robert Kong Chan, *Korea-China Relations in History and Contemporary Implications*(London: Palgrave Macmillan, 2017), p.96에서 인용(옮긴이―이는 명나라 감군 양지원(梁之垣)의 발언이다. 『광해군일기(정초본)』 177권 광해 14년(1622) 5월 18일에 기록되어 있다).

앙이 닥치고 있었다. 조선의 통치 방향을 둘러싼 분파 투쟁이 계속되고 있을 때인 1627년(정묘년), 누르하치의 가장 노련한 정예 부대가 조선을 침공했다. 평양이 순식간에 함락되고, 여진족 부대는 한성을 향해 진격했다. 인조는 강화도로 피신했다. 강화도에서 인조는 침략자와 불가침 조약을 맺는 대신, 인질을 바치고 명나라의 작위, 양식, 역법曆法을 포기하겠다고 약속했다. 만약 누르하치가 이 침공 준비 기간에 사망하지 않았더라면 조선의 상황은 더욱 악화되었을 것이다. 누르하치의 아들이자 후계자인 홍타이지는 처음에는 자원과 군사 장비를 비축하고 명나라 동북 지역의 방어군에 대한 첩보를 모으는 등, 전면적인 중국 침략을 대비하는 데 몰두했다. 그는 또한 통치를 위한 새로운 이념적 틀을 준비했다. 1635년 홍타이지는 여진족이라는 이름을 만주족으로 개칭했고, 이듬 해인 1636년 홍타이지는 자신을 숭덕제崇德帝라 칭하면서, 새로운 제국의 국호를 '맑다'와 '깨끗하다'라는 의미를 지닌 '청淸'으로 정했다.

심각한 후폭풍이 있으리라는 경고에도 불구하고 조선 엘리트들은 명나라와의 모든 접촉을 끊고 새로운 제국을 따르라는 청나라의 명령을 거부했다. 반대로 청나라 부대가 중국 대륙으로 진출하자 인조는 친명파의 압력에 따라, 위기에 빠진 명 제국을 지지하는 목소리를 높였다. 인조는 홍타이지의 서신을 가져온 청나라 사신을 만나기를 거부했고, 사신을 한성 바깥으로 내쫓았으며, 민중은 청나라 사신을 '오랑캐'이자 '무식한 자'라 비난했다. 가장 학식이 뛰어난 성리학 학자들의 도움을 받아 인조는 비타협의 칙령을 내렸다. 인조는 청나라 사신들이 두고 간 서신을 불태우라고 명령하면서, 국가와 백성에게 재앙이 닥치더라도 의리의 원칙을 지켜야 한다고 선언했다. 조선은 항상 명나라를 존경하고 섬겼으며, 그 뜻을 거스르지 않았다. 인조는 조선이 부국도 강국도 아님을 인정했다. 그러나 조선이 지닌 것은 유교적 의리였고, 오랑캐들이 이를 위협하더라도 이를 포기하지 않을 것이었다.[77]

청나라의 처벌은 신속하게 이루어졌다. 1636년 12월 홍타이지의 군대가 한반도 북부를 점령하고 한성을 점령했다(병자호란). 왕은 남한산성으로 피난을 떠났고, 인조와 수행원들은 침략군에 포위되었다. 청나라 지휘관은 회담을 요청했다. 인조는 망설였다. 인조는 명나라 황제의 생일을 축하하는 의식을 행하고, 북경 방향으로 깊이 절을 했다. 그리고 그는 청나라와 협상하기 위해 신하를 파견했다. 이 무렵 홍타이지가 침략을 관장하기 위해 조선에 직접 왔고, 인조에게 완전하고 즉각적인 항복을 요구했다. 인조와 조선 조정은 10년 전과 비슷한 제한된 협정을 맺고자 했으나, 청나라군은 국왕이 머무는 산성에 포격을 감행했다. 인조는 죽음보다는 항복을 택했다. 1637년 2월 24일 그는 침략자들이 만든 삼전도三田渡의 왕좌로 올라가 홍타이지 앞에 세 번 몸을 엎드렸으며, 명나라가 내린 고명과 인장을 넘겨주었고, 새로운 제국에 신하로서 충성을 다하겠다고 맹세했다. 한반도에서의 명나라의 시대는 이렇게 끝이 났다. 이후 달력부터 외교정책에 이르기까지 모든 것이 청의 기준에 따라 정해져야 했다. 그러나 조선은 자치적인 정치체로 살아남았다.

---

77) 같은 책, pp.97–108 (옮긴이-이 내용은 인조 14년(1636) 2월 청나라 사신 용골대의 서한을 둘러싼 조정 내의 논쟁을 요약한 것이다).

크나큰 힘의 차이를 고려할 때 청이 왜 조선을 팽창하는 제국에 완전히 편입하지 않았느냐는 질문이 가능하다.[78] 두 가지 이유가 있었던 것으로 보인다. 먼저 하나는 만주족과 그 동맹 세력은 훨씬 더 중요한 명나라와의 전면전에 집중하고 있었다. 조선은 청나라의 적을 돕는 일을 포기했다고 주장했으나, 이는 사실상의 강요였다. 홍타이지는 먹어야 할 더 큰 떡이 있었고, 그래서 조선을 내버려둘 정도로 현명했다. 그러나 조선의 생존은 정해진 선례에 따른 것이기도 했다. 청은 명나라를 대신하기를 원했다. 그들은 이미 존재하는 명 제국 대신에 제국이 되기를 원했다. 어떤 학자들은 청나라가 중국이 되고 싶었을 뿐 아니라 중국 이상의 무엇이 되기를 원했다고 주장한다. 그러기 위해서 그들은 명나라가 정한 대부분의 전례에 순응해야 했고, 동시에 이 전례를 그들에게 유리하게 만들기 위해 노력했다. 청 제국의 이데올로기는 이렇게 작동했다. 청 제국은 중국인 동시에 중국을 넘어선 존재였다. 이들은 만주족 황실을 중심으로 하고 광활한 영토를 통치하는 제국인 동시에, 명나라와 명나라 이전의 모든 것을 상속받은 중화中華 제국이었다. 이는 청나라가 1644년 명나라의 수도였던 북경을 점령한 이후 그곳을 수도로 삼았다는 점에서도 잘 드러난다.[79]

---

78) 초기 조선-청 관계에 대한 개관으로는 Lim Jongtae, "Tributary Relations between the Chosŏn and Ch'ing Courts to 1800," Willard J. Peterson ed., *The Cambridge History of China, Vol. 9: The Ch'ing Dynasty to 1800, Part Two*(Cambridge: Cambridge University Press, 2016), pp.146-196.

79) 바로 이 점이 청나라의 다민족적 기원과 관행과 더불어 동시에 제국을 구성하는 다양한 종족과 종교 집단과 구분되는 제국 황실의 우월성이라는 정체성을 강조하는 '신청사'의 핵심 주장이다. '신청사'의 주장에 대해서는 Evelyn S. Rawski, "Reenvisioning the Qing: The Significance of the Qing Period in Chinese History," *The Journal of Asian Studies* 55, no. 4(1996), pp.829-850; Joanna Waley-Cohen, "The New Qing History," *Radical History Review* 88, no. 1(January 2004), pp.193-206; Ding Yizhuang and Mark Elliott, "How to Write Chinese History in the Twenty-First Century: The Impact of the 'New Qing History' Studies and Chinese Responses," *Chinese Studies in History* 51, no. 1(January 2018), pp.70-95.

그래서 청은 실용적인 이유로 조선을 제국에 편입시키자는 유혹이 북경 내에 존재했음에도 불구하고 줄곧 조선을 '외부'의 조공국이라 보았다. 남부 중국에서는 여전히 명나라의 잔당이 남아 있었고, 복명復明을 주장하는 집단이 대만을 통치하는 가운데, 청나라 조정에서는 조선이 언젠가 명나라의 부흥을 도울 수도 있다는 두려움이 남아 있었다. 1670년대 중국 남부에서 청나라에 대한 반란이 일어나자 청나라의 공포감이 더욱 커졌다. 그러나 청나라 엘리트들(그 안에는 조선 출신의 사람들도 있었다)은 조선 측이 조공국으로서의 공식적 요구 사항을 준수하는 한, 조선을 굳이 자극하려 하지 않았다. 조선은 홍타이지의 아들과 손자가 어렸을 때 작위를 받았고, 그 결과 제국과 한반도 사이에는 매우 특별한 관계가 형성될 수 있는 시간을 벌었다. 60년 이상 중국을 통치한 홍타이지의 손자 강희제康熙帝(재위 기간 1661~1722)에게 이와 같은 교훈은 특히 중요했는데, 이는 강희제의 재위 기간을 포함하여 약 200년간에 이르는 청 제국 대외 관계의 한 유형을 설정했기 때문이다.

조선의 충성심에 대한 청나라의 의혹은 조선의 상황에 기초를 두고 있었다. 인조의 후계자인 효종은 복명주의자로 비록 청나라에 복종한다는 의식을 행했지만, 명나라의 부흥을 희망하고 기대하고 있었다. 1670년대에 청이 삼번三藩의 난이라는 내부 반란에 직면하자, 많은 조선 관료들은 국왕에게 군대를 파견하여 반란군을 원조하고 그들과 뜻을 모을 것을 요구했다. 조선 조정에서 반란에 불개입한다는 실용적인 방안이 승리를 거두었지만, 젊은 강희제가 반란을 진압한 뒤에 청을 바라보는 관점은 나아

지지 않았다. 1686년 청나라 관리들은 조선인 민간인의 국경 침범을 비난하며 이에 대한 배상금을 요구하기도 했다. 1704년 조선 정부는, 명나라 황제 특히 청의 북경 점령 이전 자살한 숭정제崇禎帝를 기리는 사당인 만동묘를 건립했다. 이는 명백히 청나라의 종주권에 대한 반발이었다. 그러나 강희제는 이를 문제 삼지 않았다. 그는 형식적인 예가 지켜지는 한, 조선이 다소 꺼림칙한 조공국으로 남아 있어도 괜찮았다. 황제는 조선에 대해 과도한 요구를 하는 것이, 이를 뒷받침할 수 있는 강력한 힘이 부재한 경우 헛된 일이 될 수 있다는 걸 알고 있었다. 그리고 강희제는 청나라의 지배에 대한 저항이 한족과 중앙아시아인들 사이에서 더 거세다고 보았다. 그는 조선과 대립하는 대신, 조선이 제국 안에 머물 수밖에 없는 더 좋은 조건을 제시하기로 했다. 조공품의 경감, 제국의 포상, 그리고 무역 기회의 확대 등이었다.

조선인 엘리트들이 17세기와 18세기 초에 청의 지배에 순응하지 않으려고 했던 것은 문화적 우월감에 기초하고 있기도 했다. 청이 중국을 정복한 이후, 많은 상류층 조선인들은 이제 조선이야말로 야만적인 통치자들이 압도하고 있는 지역에서 마지막으로 문명을 고수하고 있는 지역이라 보았다. 중화의 역할을 이제 조선이 대신한다는 논리는 고통스럽지만 신속하게 이루어졌다. 한 세대도 채 되지 않아 중국은 문명의 보금자리에서 문화적으로 타락한 지역이 되었다. 그 책임은 만주족과 그 동맹 세력에만 적용된 것이 아니라, 이와 같은 재난이 일어나도록 방조한 모든 중국인에게도 적용되었다. 이와 대조적으로 조선(조선이 청나라에 항복했던 기억은 편의적으로 사라졌다)은 유교적 가치의 판정자가 되었다. 조선인들은 문명의 중심에 근접하고 있음을 자랑스럽게 표현하던 '소중화小中華'라는 개념은 17세기 중반 문화와 유교적 가치가 기적적으로 살아남은 '진중화眞中華'로 변모했다.[80] 임진 전쟁에서의 희생의 기억과 결합하여, 유교적 예를 수호한다는 역할은 이 부조리한 세계에서 의리의 보금자리로서 조선을 구별시켜주는 강력한 주장이기도 했다.[81]

조선 내부에서는 이와 같은 정권의 자아상으로 인해 보수적인 사회가 만들어졌다. 적어도 조선을 방문한 중국인들의 눈에 조선의 풍습, 글, 의복은 옛것 그대로 머물러 있는 것처럼 보였다. 조선의 엘리트이자 관료인 양반 계급은 마치 명나라 유학자처럼 행동하려 노력했다. 그들은 중국에서는 200년 전에 입었던 의복과 비슷한 것을 입고 있었다. 그들은 정보가 새 나가지 않도록 정보를 철저히 통제했다. 조선을 방문했던 한 중국인은 만약 조선에서 평생을 산다면 명 제국이 멸망했다는 사실을 모르며, 현재 조선이 청나라의 조공국이라는 사실도 알아차리지 못할 것이라고 관찰했다. 한편 조선 사회 전반에서 엘리트들은 조선 사회를 보호해야 한다는 의식이 커져갔다. 농민, 상인, 젊은이, 여성은 자신의 삶에 대해 거의

---

80) 17세기 후반 몇몇 조선인 학자가 조선을 지칭하는 용어로 '중화'를 사용하기 시작했다. 정옥자, 『조선 후기 조선중화사상연구』(일지사, 1998). 일부 조선인 학자들에게는 성리학은 점차 보편화되었고, 성리학이 그 뿌리를 중국에 두고 있다는 사실이 그다지 중요하지 않았다. 이는 지금 우리가 양자역학을 두고 그 독일적 기원을 별로 의식하지 않는 것과 같다. 이 부분을 지적해준 카터 에커트에게 감사한다.

81) Joshua J. Van Lieu, "Divergent Visions of Serving the Great: The Emergence of Chosŏn-Qing Tributary Relations as a Politics of Representation"(Ph. D. Dissertation, University of Washington, 2010)을 보라. 조선의 존명주의자에 대해서는 Adam Bohnet, "Ruling Ideology and Marginal Subjects: Ming Loyalism and Foreign Lineages in Late Chosŏn Korea," *Journal of Early Modern History* 15, no. 6(January 2011), pp.477-505.

말할 수 없을 정도로 조선 사회에서의 역할이 축소되었다. 조선이 자치와 이념적 응집력을 위해 지불한 대가는 스스로 봉쇄한 사회였고, 조선은 그 어느 때보다도 세계의 다른 지역과 단절되어 있었다.[82]

　조선의 명목상 상국인 청 제국은 국가의 기틀을 잡은 후, 지역 내 독보적인 강대국으로 부상한다. 북태평양 연안뿐만 아니라 중앙아시아와 대부분의 몽골 지역을 정복한 청나라는 히말라야와 베트남을 겨냥했고, 청의 권위에 반기를 드는 자들을 상대로 군사 원정을 펼쳤다. 이러한 제국주의적 분위기 속에서, 왜 청나라 황제는 제국의 정당성을 의심하는 조선 엘리트들의 경멸을 그대로 놔둔 채 조선을 내버려두었을까? 가장 중요한 이유는 강희제 이후 모든 황제들이 조선을 향한 무력 사용이 아무것도 바꾸지 못할 것이라는 점을 인식하고 있었기 때문일 것이다. 그들은 조선 엘리트들이 청 황제가 스스로 지킨 것과 같은 성리학적 사상과 원칙에 대한 신념을 천명했다는 점에 고무되었다. 청나라의 입장에서 본다면 내부로는 의리를 고수하고 외부적으로는 빈틈없는 복종으로 청나라를 대하는 모범적인 신하국이 필요했다. 조선인은 청나라를 향해 올바른 문구를 인용하고 바른 행동을 할 줄 알았다. 강희제의 손자인 건륭제乾隆帝(재위 기간 1735~1796)의 오랜 통치 동안, 북경의 자금성에서 볼 때 종종 다른 조공국이나 청 제국의 먼 지역을 통치하는 지방관들의 행동과 비교해보아도 조선의 행동은 매우 긍정적으로 묘사되었다. 또 만주족과 그들을 섬기

---

82) 이는 조선인들이 17~18세기 동안 확대된 국제 무역에 적극적인 참여자였다는 사실을 부인하는 것이 아니라, 주로 조선 정부의 정책으로 인해 그러한 접촉의 문화적 효과가 조선 사회에서 눈에 덜 띄었다는 것을 의미한다. Seonmin Kim, *Ginseng and Borderland: Territorial Boundaries and Political Relations Between Qing China and Chosŏn Korea, 1636-1912*(Berkeley: University of California Press, 2017).

는 사람들이 보기에 청나라에 대한 조선의 의존이 계속된다면, 조선이 새로운 제국을 향해 마음을 열 것으로 생각했다.[83]

이는 완전히 잘못된 판단은 아니었다. 18세기 중반 일부 조선인 학자와 관료는 조선 정권의 정통적인 시각에 반기를 들기 시작했다. 그들은 '실학'을 주장하면서 교조적인 성리학을 보완하고자 했다. 이러한 사상가들이 유교에 대한 조선의 강한 의존을 벗어나고자 했던 것은 아니다. 그들은 조선의 경험 바깥에서 온, 특히 청 제국을 통해 들어온 새로운 사상을 통해 기존의 조직, 복지, 과학, 기술을 혁신하고자 했다. 18세기 중반 청나라는 최전성기를 구가하고 있었고, 청나라는 온 세계의 사상과 관행을 흡수하고 있었다. 청나라에 조공 사절로 갔던 조선인들은 명나라 때 그러했던 것처럼 서적을 수집하고 청나라 지식인을 만났다. 상당수의 조선인은 제국에서 일어나고 있는 변화에 깊은 감명을 받았고 조선의 보수적 현실에 실망했다. 조선 정부는 이러한 정보에 대한 접근을 규제하고자 노력했지만, 제국과의 접촉을 통한 새로운 사상의 보급은 조선 멸망 전까지 계속되었다.[84]

청과 조선의 또 다른 연결고리는 18세기에 발전한 양국 간의 무역이었다. 두 국가 모두 공식적으로 무역에 적극적이지는 않았지만, 만약 무역이 통제 가능한 범위 내에서 유지될 수 있고, 세금을 부과할 수 있다면 두

---

83) 비교 사례로 베트남을 보고자 한다면, Liam Kelley, "Convergence and conflict: Dai Viet in the Sinic order," *Sacred Mandates*; Jaymin Kim, "The Rule of Ritual: Crimes and Justice in Qing−Vietnamese Relations during the Qianlong Period(1736−1796)," James A. Anderson and John K. Whitmore, eds., *China's Encounters on the South and Southwest: Reforging the Fiery Frontier Over Two Millennia*(Leiden: Brill, 2014).

84) 이를 개괄적으로 파악하려면 Gari Ledyard, "Korean Travelers in China over Four Hundred Years, 1488−1887," *Occasional Papers on Korea*, no. 2(1974), pp.1−42.

국가 모두 무역을 기꺼이 받아들였다. 이러한 무역은 조선 사절단이 북경을 방문했을 때, 그리고 좀 더 작은 규모지만 청나라 사절단이 한성을 방문했을 때 이루어지는 공무역이었다. 그리고 양국의 국경에 많은 상업 지대가 등장했고, 시간이 흐르면서 이 지대는 사람과 상품이 교환되는 원천이 되었다. 인삼, 모피, 농산물이 중국으로 향했고, 비단, 차, 옥, 도자기, 책, 예술품 등 중국 명품을 조선으로 수입해가기 위해 많은 양의 은이 지불되었다. 만주족의 발상지인 만주 지역은 조선인과 중국인에게 모두 출입이 여전히 금지된 상태였다. 그러나 이러한 상황은 19세기부터 변화되기 시작했으며, 만주는 땅과 기회를 노리거나, 국내의 숨 막히는 통제로부터 탈출하길 원했던 조선인들에게 매력적인 지역으로 변모한다.[85]

18세기 내내, 북경을 방문한 조선인들은 북경에 살고 있던 소수의 새로운 유형의 외국인에 주목했다. 북경에 있는 유럽인의 존재는 조선인의 흥미를 끌었고, 조선인은 이들의 행동과 물건에 대한 보고서를 작성해 국내로 발송했다. 북경의 선교사를 통해 유럽산 물품이 조선에 진출하기 시작했다. 일부 조선 사절단은 무엇보다 호기심으로 러시아 대표들과 교류하기 시작했다. 조선 당국은 러시아인이나 다른 유럽인과의 접촉을 제한하려 했다. 그들은 외국인과의 '새로운' 관계가 청나라 정부와 분쟁을 일으킬 수도 있으며, 자칫 잘못하면 이단적인 사상이 조선으로 들어올 수도 있다고 우려했다. 처음에는 조선인의 호기심에도 불구하고 서양의 종교가 조선으로 들어올 가능성은 작아 보였다. 19세기 초 교회를 방문한 한

85) Kwon Nae-Hyun, "Chosŏn Korea's Trade with Qing China and the Circulation of Silver," *Acta Koreana* 18, no. 1(June 2015), pp.163-185; 張存武, 『淸韓宗藩貿易: 1637-1894』(臺北: 中央研究院近代史研究所, 1985).

조선인은 이렇게 기록했다.

칸막이를 열고 안 칸으로 들어가니 주벽土壁에 죽은 사람 하나를 걸어놓았
다. 대체로 벽 위에 십자로 된 나무판자를 붙이고 사람의 두상과 사지에 모두
쇠못을 박아 내걸어, 마치 거열하는 형상과 같은데 완연히 옥골玉骨인 사람
이었다. 피부와 살, 손톱과 털이 꼭 산 사람과 같은데 온몸이 나체로 진짜인
지 가짜인지 알 수 없으나, 머리에서 발까지 쇠못 자리에서 붉은 선혈이 쏟아
져 뚝뚝 떨어지는데, 그 면목을 보니 방금 죽어 식지도 않은 것 같아 현기증
이 나서 바로 보기 어려웠다.[86]

청나라−조선의 직접적인 관계는 18세기 후반에 더욱 밀착되었다. 이
는 청 제국과 유럽 국가들의 일반적인 접촉이 최초로 시작되었기 때문이
다. 영국의 몇몇 통상 및 외교 사절단이 북경을 방문하여 대표권과 경제
적 특권을 얻고자 했으나, 청은 이와 같은 요구를 모두 거절했다. 중국인
과 조선인 모두에게 동아시아 해역에서 서양의 존재가 계속될 것이라는
점은 분명했다. 1790년 건륭제의 팔순八旬을 축하하기 위해 파견된 조선
사절단은 청 제국과 교섭하고자 하는 서양의 소식을 전해 들었고, 1795년
건륭제의 퇴위를 기리며 파견된 사절단은 2년 전에 벌어진 조지 매카트니
George Macartney 영국 사절단의 실패 소식을 들을 수 있었다. 19세기 초 조선

---

86) Ik−Cheol Shin, "The Western Learning Shown in the Records of Envoys Traveling to Beijing in the First
Half of the Nineteenth Century Focusing on Visits to the Russian Diplomatic Office," *The Review of Korean
Studies*, vol. 11, no. 1(2008), p.20(옮긴이−이는 김노상金老尙, 『부연일기赴燕日記』순조 28년(1828)
6월 25일 기록이다). 아마 최초의 조선인 천주교인은 1780년대 북경에서 세례를 받았을 것이다.

인들은 중국 정보원으로부터 종종 외국인에 대한 정보를 얻으려 시도했다. 조선인의 설명에 따르면 "영길국(영국)은 서양 나라 중 가장 멀리 떨어져 있으며, 중국과는 바다로 10만 리 떨어져 있습니다. 영국인은 매우 재빠르고 사납고 약탈을 좋아합니다. 이웃 나라들은 모두 영국을 무서워합니다. 인구가 많은 땅은 광활하며, 영국은 서양을 넘어서 가장 강력한 나라입니다. 또한 영국인들은 수영을 잘하며 물속에서 야생 오리처럼 빠르게 움직입니다."[87]

19세기 초에 향후 100년간 중국과 한반도 관계에 영향을 미칠 서로 다른 두 가지 과정이 진행되었다. 하나는 조선-청나라 정부 관계의 점진적인 개선이었다. 건륭제의 꾸준하지만 강력한 외교, 그리고 건륭제의 오랜 재위 기간을 통해 조선인이 청나라 황제를 바라보는 시각은 거의 명나라 말기와 유사할 정도로 복원되었다. 19세기 초까지 많은 조선의 지도자들은 적어도 과거 명나라를 대하듯이 청나라에 관해 이야기했다. 또 다른 과정은 청을 중심으로 하는 동아시아 국제 체제를 향한 서구 열강의 진출이 서서히 진행되고 있다는 점이다. 영국, 프랑스, 미국에서 온 배들이 조선 앞바다에 나타나기 시작하자, 조선인은 그들의 지리적 관념을 재평가하기 시작했다. 사절단으로 북경을 방문하기도 했던 이수광李睟光은 "세상에서 사해四海(동서남북 사방의 바다)라 일컫는 것은 다만 중국을 표준으로 하여 말한 것이지, 천지 사이의 사해가 아니다."[88]

---

87) 같은 글, pp.15~16(옮긴이-이는 서유소徐有素의 『연행록』의 기록이다).

88) Bonnie Kim, "'Closed' Encounters: The Arrival of the West in Nineteenth-Century Korea"(Ph. D., Columbia University Press, 2006), p.67(옮긴이-이는 이수광의 『지봉유설』(1614) 권2 「지리부」에 나오는 내용이다).

중국을 바라보는 조선인의 이중적 태도와 이제 막 가시화되고 있던 더 넓은 바깥 세계를 감안할 때, 유럽 제국과 청 제국의 첫 번째 충돌이었던 이른바 제1차 아편전쟁이 조선을 동시대 두 가지의 서로 다른 방향으로 몰아붙인 것은 놀라운 것이 아니다. 먼저 조선 엘리트들은 청이 영국과의 첫 번째 대결에서 패했고, 제국이 군사적으로 약해졌다는 것을 금방 깨달았다. 비록 조선 엘리트들 간에는 아편전쟁의 결과가 청나라에 일시적인 좌절일 뿐인지 아니면 앞으로도 지속될 문제인지를 두고 의견이 분분했다. 그러나 아편전쟁은 조선에 강한 인상을 남겼다. 한편 서양의 출현으로 조선의 청 의존도는 줄어들지 않았다. 오히려 조선은 청에 더 의존했다. 조선과 청의 과거의 차이에도 불구하고 19세기 조선의 지배 엘리트들은 그들 자신과 국경 너머 청나라의 엘리트들이 국내의 이단 행위와 소란을 직면했을 때, 예의와 의리를 지키려는 열망을 공유한다고 믿었다. 19세기 중반에 조선에서 천주교의 교세는 가시화되고 있었고 조선 엘리트들을 놀라게 했다. 조사를 받던 한 조선 천주교도는 "'중국처럼 큰 나라도 우리에게 항거하지 못했는데, 조선같이 작은 나라가 끝내 교敎를 금지할 수 있을 것인가?'라고 영국 사람이 항상 말했다"라고 털어놓았다.[89] 청나라와 조선 모두에게 불화와 사교邪敎가 나라의 외딴곳에 숨어 있는 것처럼 보였다.

서양 제국주의 열강과의 첫 만남이 청과 조선 사이를 갈라놓지는 않았다. 오히려 이는 두 국가 사이를 더 가깝게 했다. 현존 세계 질서가 위협받

---

89) 같은 글, p.125(옮긴이—이는 한국교회사연구소 엮음, 『성김대건 신부의 체포와 순교』, 한국교회사연구소, 1997, 115쪽에 나오는 말이다).

고 있다는 인식은 양국 내부에서 일어나고 있는 사회적 변화를 통해 극대화되었다. 늘어나는 상업 활동을 통해 새로운 관념과 신념이 들어왔다. 조선에서는 실학을 통해 부분적으로 교조적인 성리학이 일부 권위를 상실하기 시작했다. 또 조선의 경직된 사회도 삐걱거렸다. 새로운 지식이 유입되고, 이동성이 높아지면서 계급 탄압, 사회적 착취, 빈곤과 질병, 또 조선에서 지속되고 있는 노비 제도 등이 가시화되기 시작했다. 중국과 마찬가지로, 조선은 인구의 증가로 기존의 자원 배분이 빡빡해지고 있었으며, 이전 시대와 비교하여 빈곤해지고 있음을 감지했다. 국제질서를 바라보는 명확한 관념 아래 장기간 형성되어온 중국과 한반도 관계는 이제 안팎의 도전을 받고 있었다.

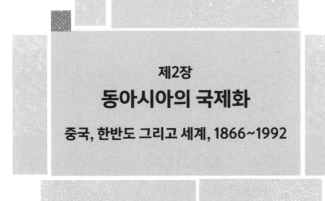

제2장

동아시아의 국제화

중국, 한반도 그리고 세계, 1866~1992

19세기 초반 세계는 매우 빠르게 변화하기 시작했다. 증기선과 철도의 등장으로 거리 감각이 바뀌었으며 이전에는 멀게 느껴졌던 것들이 갑자기 가까워졌다. 공장은 시장에 내놓을 새로운 상품과 정복에 필요한 신무기를 생산해냈다. 중국 내에서도 신사상이 등장하여, 오랫동안 당연시되었던 것을 무너뜨리고, 분열과 동요를 낳았다. 1843년 청나라가 영국과의 아편전쟁에서 패하자, 패배를 목도한 이들이 새로운 질문을 던졌다. 1850년부터 1868년까지 반란의 파도가 청 제국을 휩쓸었고, 이 반란은 모두 종교운동의 일환으로 이루어졌다. 그들 스스로 『성경』을 새롭게 읽어낸 기독교인이라 주장한 태평천국군은 청 제국의 권력에 도전했다. 태평천국군은 초창기에 중국 남부를 점령했지만, 청 제국 편에 선 지방 세력에게 서서히 토벌되었다. 이 과정에서 약 2,000만 명이 목숨을 잃었다.

　그러나 이 시기 청과 조선의 관계는 거의 변하지 않았다. 물론 아주 장기간은 아니었지만 말이다. 사절단이 여전히 한성과 북경을 오고 갔으며, 황제의 건강과 제국의 안녕을 물었다. 물론 조선 사회에도 변화에 민감한 이들이 있었기에, 일부 엘리트는 세계가 어떻게 돌아가는지를 두고 새로운 질문을 하기 시작했다. 하지만 조선 국왕과 대다수 엘리트는 변화를 추구하면 상황이 더 나빠진다고 믿으며, 기존의 방식을 고수했다. 그들이 보수적인 신념을 지녔기 때문에 이와 같은 태도를 보였다고 할 수 있지만, 여기에는 현실적인 이유도 있었다. 그들은 외부의 압력에 굴복하여, 사회를 조직하는 새로운 종교와 관념이 들어오는 것을 두려워했다. 민란이 일어나면 국가의 올바름이 흔들린다고 생각했다. 그리고 그들은 청 제국과 조선의 관계에 변화가 생기면 청 제국이 과거와 같은 공격적인 노선으로 전환할 것을 우려했다. 조선 지도자의 처지에서 보면 변화는 도움이될 것이 없었다.

조선 엘리트의 관점에서 19세기 중반 중국의 상황은 그들의 우려가 현실화한 최악의 사례였다. 청 제국 내의 기독교와 무슬림의 반란은 서양 종교의 악의성을 입증했고, 많은 조선인은 선교사와 개종자 들이 외세의 전초 부대이자 혼란의 주범이라 확신했다. 19세기 초반부터 조선 정부는 조선 내 천주교 신자가 늘어나자 천주교를 박해했다. 처형된 천주교인 중 일부는 조선에 선교사로 파견된 중국인이었다. 1839년 3명의 프랑스인 선교사가 한성에서 공개적으로 참수되었다. 그런데도 많은 조선인이 새로운 종교에 이끌렸다. 그렇기에 조선 정부는 중국에서 서구의 진출이 늘어나는 것을 의식하면서 천주교를 향해 더 억압적인 조치를 취했다.

중국과 마찬가지로 조선에서도 외부 세계의 영향을 받아 새로운 종교들이 등장했다. 그중의 가장 중요한 종교는 태평천국 반란과 제2차 아편전쟁이 시작될 무렵인 1860년에 창시된 동학 운동이었다. 동학의 창시자인 최제우崔濟愚는 조선의 미래는 '서학西學'에 있다는 이들에게 자극을 받았다. 최제우는 조선인은 조선인 고유의 새로운 사고방식이 필요하다고 생각했다. "사리에 맞지 않는 괴이한 말이 온 세상에 요란하게 퍼져 이르기를 서양 사람은 도를 이루고 덕을 높이 세워 그 조화造化로써 이루지 못하는 일이 없다. 그리고 서양 사람은 무기로 싸우는데 그 앞에 대적할 사람이 없으니 만일 중국이 불타 없어지면 어찌 입술이 없어져 이가 시리는 근심이 없겠는가? 도무지 다른 연고가 아니라, 서양 사람은 자신들이 믿는 도를 서도라 부르고 자신들의 학문을 천주학이라고 부르며 자신들의 가르침을 성스러운 가르침聖敎이라고 하니, 이것은 한울님의 때天時를 알고 한울님의 말씀天命을 받은 것이 아니고 무엇이겠는가?"[1] 최제우의 답은 '동학東學'이었다. 그리고 최제우는 한울님을 통해 직접 교시를 받았다고 주장했다. 최제우는 1863년 체포되어 처형되었지만, 성리학의 관념과 천주교와 불교를 혼합하고 평등사상을 강조한 동학은 최제우 사후에도 유지되었고, 조선 동남부 지방의 농민층을 중심으로 확산되었다. 동학은 30년 후 다시 돌아온다.

1850년대와 1860년대 중국의 혁명과 전쟁을 보고 조선의 지도층은 매우 강렬한 인상을 받았다. 청이 서양과의 첫 충돌에서 패배한 것은 그냥 지나가는 하나의 사건처럼 보일 수도 있었다(청은 이전에도 여러 세력의 도전을 받았고, 이후 다시 국력이 강해지기도 했다). 그러나 두 번째 패배는 그냥 넘

---

1) Paul Beirne, "The Eclectic Mysticism of Ch'oe Che–u," *The Review of Korean Studies* 2(1999), p.160; Paul Beirne, *Su-Un and His World of Symbols: The Founder of Korea's First Indigenous Religion*(London: Routledge, 2016), p.25에서 인용(옮긴이–이는 최제우, 『동경대전』 「논학문」의 내용이다).

러시아 제국

이르쿠츠크

베이칼호

베르크노이딘스크

후레

신강

외몽골

청 제국

내몽골

황하

야루창포강

티베트

청해

감숙성

산서성

러크나우

히말라야

섬서성

하남성

네팔

얄룽창포강

갠지스강

부탄

사천성

장강

호북성

인도

브라마푸트라강

버마

귀주성

호남성

강서성

다카

만달레이

운남성

광서성

광동성

광주

벵골만

탕롱
(하노이)

남중국해

시암

안남

양곤

흑룡강

길림

만주족 지역

동해

성경(심양)

에도

조선   일본

한성(서울)

산동성   황해

강소성

안휘성

상해   태평양

절강성

복건성 •복주

•하문   대만

지도 2-1. 1750년 무렵 청 제국

길 수 없는 수준이었다. "서양 사람들은 무기로 싸우는데 그 앞에 당할 사람이 없다"고 최제우는 썼다.[2] 1860년 북경의 오래된 여름 별궁인 원명원을 서양인들이 약탈하고, 함풍제가 공격을 피해 열하熱河로 피신하자, 조선 정부는 이를 두고 긴급회의를 열었다. 조선 정부는 황제의 안녕을 묻기 위해 열하로 사절단을 파견하기로 했다. 그리고 그들은 국경을 수비하고 주요 포구의 방어를 강화할 계획을 세우기 시작했다. 무엇보다도 무슨 일이 일어나고 있는지 잘 파악해야 했다. "우리나라는 청국에 대하여 크기는 비록 다르지만 실은 입술과 치아 같은 형세의 나라이니, 청국의 불행은 우리나라에 복이 아니다"라고 보고했다. "응당 먼저 공격받은 곳으로 가서 그 이해와 허실을 살펴봐야 할 것이다. 비유컨대 사람이 병이 나기 전에 미리 조섭調攝하고 예방하고자 한다면, 응당 먼저 병에 걸린 사람에게 가서 그 병의 원인과 약의 효해效害를 물어보고 그 증세가 심해지는지 그치는지를 관찰하고 그 맥박이 어떤지를 살펴서 나의 몸과 비교해본 뒤에 좋은 의원을 불러서 딱 맞는 처방을 의논해야 하는 것과 같다. 그런 뒤에야 병이 닥쳐와도 우왕좌왕하지 않을 수 있을 것이다."[3]

그러나 명백한 위험에도 불구하고, 성리학 전통주의자들은 그들의 세계관을 고수했다. 이항로李恒老는 정통 유학의 옹호자이자, 조선의 사회적 병폐에 대한 강한 비판자였다. 그는 중국을 향한 전통적 입장과 중국—

2) 장보윤, 「아편전쟁을 바라보는 조선의 다중 시선: 19세기 중후반 조선 조정, 지식층, 서민층의 대청인식 연구」, 『한국사상사학』 56권, 2017, 132쪽(옮긴이―는 최제우의 『동경대전』 「논학문」에 나오는 내용이다).

3) Zhang Baoyun, "Joseon Dynasty's Perceptions of the Qing Dynasty in the 1860s and 1870s," 『한국민족문화』 61권, 2016, 158쪽(옮긴이―는 김윤식의 「奉送瓛齋朴先生珪壽赴熱河序」이다. 김윤식, 이지양 외 옮김, 「환재 박규수 선생이 열하로 가는 것을 받들어 전송하는 서(1861)」, 『운양집』 8, 혜안, 2014, 29~30쪽을 참고했다).

한반도 관계를 인상적으로 정리하면서 경전에 나와 있는 유교의 근본적 신조를 재확인했다.

중화가 이적夷狄을 가르쳐 교화하고. 이적이 중화를 사모하며 기뻐한 것은 역시 천리天理의 본연과 인심의 당연에서 나왔다. 이를테면 마치 뿌리가 가지와 잎을 기르고 수족이 배와 심장을 보호하는 것과 같다.

서양을 말해보자면, 중국에서 매우 멀리 있기 때문에 그 풍속이 사뭇 다르다는 것은 마땅하다. … 농사꾼의 자제가 유가의 글을 공부하기 위해 아무리 백 배의 노력을 쏟더라도 오히려 그 체세體勢와 격례格例를 누대에 걸쳐 공부해온 사람만큼 훤히 알 수는 없다. 풍속과 언어가 다른 땅에 태어나는 경우에는 어떠하겠는가!

불행히도 서양은 대도大道의 요체를 듣지 못했고, 불행히 지극한 교화를 입지 못했다. … 또 그 도구과 기술은 도리어 중국인이 따라갈 수 없는 교묘한 바가 있다. 그럼에도 저들은 확실한 자신감을 가지고 마침내 그들의 주장으로써 천하를 바꿀 것을 생각하니, 그 또한 사려 깊지 못한 것이다.

천체天體는 지극히 크고 비록 끝이 없는 듯하다. 그러나 만약 천체에서 중심에 위치하여 천체를 주재하는 것을 찾는다면 오로지 북극성이다. 땅의 형세地勢도 꽤 넓으며 비록 끝이 없는 듯하다. 그러나 땅 속에 있으면서 지세를 주재하는 것을 찾는다면 오로지 토중(土中. 옮긴이-중국의 낙읍)이다. 사람의 길人道도 지극히 많고 끝이 없는 듯하다. 그러나 만약 그 위에 있으면서 주재하는 것을 찾는다면 오로지 태극이다. 북극성이 여러 별을 통솔하고, 여러 별은 북극성을 에워싼다. 토중이 만방을 통솔하고, 만방은 토중으로 돌아간다. 태극이 만물을 통솔하고 만물은 태극으로 모인다.[4]

그러나 이항로의 원칙 선언은 실제 현실을 바꿀 수는 없었다. 중국, 특히 당시의 청 제국은 국제적 수준의 강대국 대열에서 뒤쳐지고 있었다. 청과 일본의 도쿠가와 막부를 향한 제국주의의 압력이 높아지면서, 조선 역시 위협을 받고 있었다. 조선 정부는 앞바다에 서양의 선박이 출현할 때마다 같은 절차를 반복했다. 조선은 이들을 내쫓고, 서양의 선박 출현을 북경에 보고하여 청 정부가 조선을 대표하여 서양에 항의하도록 했다. 그러나 1866년 이러한 회피 전략은 더는 기능하지 않았다. 4명의 프랑스인 선교사가 체포된 후 처형되자, 프랑스는 조선을 침공하겠다고 위협했다. 아들 고종을 대신해서 조선을 통치하고 있던 대원군 이하응은 프랑스의 침략에 맞서기로 했다. 정국은 경색되었다. 서양과의 타협을 주장한 사람들은 숙청되거나 처형되었다. 이항로와 같은 유생 지도자들이 정권과 함께 저항에 참여했다. 약 800명에 달하는 프랑스군이 한성으로 향하는 한강 입구에 있는 강화도에 상륙했다. 그러나 이들은 조선군의 포위로 강화도의 외규장각을 약탈한 것 외에는 별다른 성과를 거두지 못한 채 철수했다. 그러나 프랑스의 침략은 앞으로 다가올 여러 사건의 압축판이었다. 프랑스가 청나라에 조선과 협상하여 조약을 체결하겠다고 주장하자,

---

4) Yi Hang-no, "Sinify the Western Barbarias," Peter H. Lee ed., *Sourcebook of Korean Civilization*, Vol. 2(New York: Columbia University Press, 1992), pp.158-159(옮긴이-이는 이항로의 「用夏變夷說」이다. 이항로, 『화서집』 제25권 「闢邪錄辨」(1863)에 수록되어 있다. 번역은 서울대학교 국사학과의 이현정 선생님의 도움을 받았다).

청 정부는 이 요구를 아무런 의견을 달지 않은 채 한성에 전달했다. 대원군과 그 지지자들은 충격을 받았다. 중국은 더는 봉신국인 조선을 지키려는 의지나 능력이 없어 보였다.[5]

같은 해 미국 선박 제너럴셔먼General Sherman호가 한반도 북부의 평양으로 진입해온 사건은 대원군의 세계관을 재확인해주었다. 대원군은 제너럴셔먼호에 조선 땅에서 떠나라는 명령을 내렸으나, 제너럴셔먼호의 선장은 이를 거부했고 군중을 향해 발포했다. 이에 대원군은 제너럴셔먼호를 파괴하라고 명령했다. 5년 후 5척의 군함과 함께 미국이 조선을 침공했다. 250명의 조선인이 한성 근처에 상륙하려는 미군을 막으려다가 숨졌다. 그러나 미국은 조선의 개항을 통해 통상 관계를 맺는다는 목표를 달성하지 못했다.[6] 오히려 대원군의 정책에 가장 큰 위협이 된 것은 일본이었다. 1868년의 쿠데타, 소위 메이지 유신 이후 일본의 새 지도자들은 조선의 문호를 개방한다는 서양의 시도를 모방했다. 일본은 조선과 지리적으로 충분히 가까웠고, 국제무대를 바라보는 조선의 시각을 바꾸어낼 수 있을 만큼 충분히 강했다. 당장 청의 도움을 받을 수 없었던 상태에서 일본이 조선 해안가를 따라 몇 군데 상륙하자, 젊은 국왕 고종은 1876년 일본과 직접 협상에 임하기로 했다. 그 결과는 강화도 조약이었다. 이 조약을 통해 일본과의 무역을 위해 여러 항구가 개방되었고, 일본은 조선에

---

5) 이에 대한 좋은 개괄로는 Martina Deuchler, *Confucian Gentlemen and Barbarian Envoys: The Opening of Korea, 1875-1885*(Seattle, WA: University of Washington Press, 1977). 또 이를 참고하라. Gor Jean-Francois Gossiaux, "Pourquoi changer d'ancêtres? Le colonialisme français en échec(Corée, 1866)," *L'Homme* no. 202(2012), pp.141-168.

6) Gordon H. Chang, "Whose 'Barbarism'? Whose 'Treachery'? Race and Civilization in the Unknown United States-Korea War of 1871," *Journal of American History* 89, no. 4(March, 2003), pp.1331-1365.

서의 치외법권을 보장받았다. 조약상 조선은 자주 국가로 규정되었으나, 청은 여기에 반대 의사를 표하지 않았다. 청은 그들 자신만의 문제에 시달리고 있었다.

일본의 도래

일본이 조선에 거점을 마련하자, 고종을 포함한 많은 조선의 젊은이들이 일본의 국력이 지닌 기술적 측면에 감명을 받은 동시에 두려움을 느꼈다. 그들이 청나라로부터 받은 충고는, 재빨리 서양 국가와도 수교하여 일본의 영향력을 견제하고 청나라가 추구하고 있는 국력 증강 정책을 따르라는 것이었다. 즉 서양의 야망을 견제하기 위해 서양을 배우라는 것이었다. 국내의 강한 반발에도 고종은 청나라의 조언을 따르기로 했다. 그는 청나라와 일본에 사절단을 보내 서양에서 온 신지식과 신기술을 학습하도록 했다. 1880년대에 고종은 서양 세력과 협상에 나서면서도, 청나라의 도움을 받는 이중 전략을 사용했다. 그리고 가능하다면 조선은 청 제국이 조선의 대외 관계에 책임감을 갖기를 원했다. 1888년 조선은 주요 열강에 무역권을 주는 조약을 체결했고, 여기에는 청 제국도 포함되었다.[7]

점진적인 개방 정책은 조선에서 강한 저항을 불러왔다. 1만 명이 넘는

---

7) 이 시기에 대한 개관으로는 Key-Hiuk Kim, *The Last Phase of the East Asian World Order: Korea, Japan, and Chinese Empire, 1860-1882*(Berkeley: University of California Press, 1980).

유학자들이 국왕에게 직접 개방 정책에 반대하는 상소를 올렸다. 그들은 양인洋人이 조선에 들어오게 되면, 조선의 예와 의리를 파괴할 것이라 주장했다. 1882년 한성의 일부 군대가 반란을 일으켜, 일본인과 조선인 개화파 인사를 살해하고, 국왕에게 외국과 체결한 모든 조약을 폐기할 것을 요구했다. 청나라 군대가 이 반란을 진압했고, 청 정부는 한성에 군대를 남겨 고종을 지원하도록 했다. 2년 후에는 일본군의 도움을 받은 조선의 급진 개화파가 정권을 잡으려고 시도했다. 청나라 군대가 개입하여 이 쿠데타는 무위로 돌아갔다. 그러나 한성에서 청군과 일본군이 전투를 벌인 사실에 두려움을 느낀 양국 정부는 조선에서 군대를 철수하기로 합의했다. 그러나 청 장군 원세개袁世凱는 고종의 수석 고문으로 조선에 남았다.[8]

한성에 거의 10년간 머물렀던 원세개의 정책은 청 제국에 대한 조선의 종속 관계를 새로운 형태로 변환하는 것이었다. 그는 옛날 방식의 종주권 정책이 그대로 유지될 수 없다는 사실을 알고 있었지만, 이를 유럽 국가와 식민지의 관계와 유사한 형태로 대체하기를 원했다. 원세개는 서양이 어떤 방식으로 바깥 세계를 점령하고, 상업의 이익을 보유한 근대 제국이 되었는지를 청나라가 배워야 한다고 주장했다.[9] 원세개는 일본이나 러시아가 조선을 지배하면 중국이 제국주의 국가에 포위될 수 있다는 사실을 우려했다. 그러나 곧 고종은 원세개의 고압적인 자세와 오만함을 깨달았다. 고종은 러시아(그리고 아마도 일본)에 접근하여 원세개의 마수로부터 자

---

8) Yŏng-ho Ch'oe, "The Kapsin Coup of 1884: A Reassessment," *Korean Studies* 6, no. 1(1982), pp.105-124.

9) Kirk Larsen, *Traditions, Treaties, and Trade*(커크 W. 라슨, 양휘웅 옮김, 『전통, 조약, 장사: 청 제국주의와 조선, 1850~1910』, 모노그래프, 2021).

신을 구해달라고 요청했다. 고종은 개혁과 자치를 모두 경험했고, 이를 모두 즐겼다. 이제 고종은 청이 조선의 발전을 가로막고 있다고 보았다. 원세개는 북경으로 보내는 보고서에서 자신이 화약고 위에 앉아 있다고 보고했다. 그러나 그는 자신의 능력과 청나라의 개입 위협으로 화약고가 폭발하는 것을 막을 수 있기를 희망했다.

예측하기 어려웠던 사건이 발생하면서 도화선에 불이 붙었다. 1894년 초 동학 운동가들이 한반도 서남부에서 세금 경감, 토지 개혁, 부패한 관리의 처형, 모든 서양인과 일본인의 추방 등을 요구하며 반란을 일으켰다. 동학 운동가들은 현 상황에 불만을 품은 여러 다른 집단과 합류하여 조선 국가의 생존에 즉각적인 위협이 되었다. 원세개와의 갈등에도 불구하고, 고종은 청나라의 개입을 촉구하는 것 외에는 다른 방법이 없다고 판단했다. 청나라 군대가 도착한 후, 반란은 잠잠해졌다. 그러나 일본은 이 기회를 이용하여 조선에 침략군을 파병했다. 일본의 목표는 청으로부터 조선의 종주권을 빼앗고 일본의 주도로 개혁의 길로 나서는 것이었다. 일본군은 한성을 빠르게 장악했다. 고종은 일본인 고문의 도움을 받는 조선의 철저한 개혁과 근대화 계획을 선포했다. 그는 또 마지못해 청에 맞서는 조선-일본 동맹을 체결했다.

이후 발발한 청일전쟁은 청 제국의 재앙이었다. 이 전쟁을 거치며 청은 조선에 대한 통제력을 상실했을 뿐 아니라, 대만을 일본에 할양했으며, 만주에서 일본의 통상과 정착에 있어 특권을 부여했고, 막대한 전쟁 배상금을 지불해야 했다. 그러나 몇몇 청나라 관리들은 그래도 큰 손해를 보지 않고 이 상황을 벗어났다고 생각했다. 일본의 상황을 시기한 서양 열강들의 압력이 없었다면 일본은 아마도 더 많은 특권을 확보했을 것이다. 1895년 전쟁의 막바지에 일본은 만주의 해안가와 산동반도의 일부까지 장악하여 북경에서 약 500킬로미터까지 진격했다. 전쟁 사망자는 대개 중국인과 조선인이었고, 청은 약 4만 명의 병사를 잃었다. 일본군 사망자는 겨우 1,100명 정도였다. 청일전쟁의 가장 중요한 사실은 모든 사람이 청의 패배를 생생하게 지켜볼 수 있었다는 점이었다. 동아시아에서 중국 중심의 질서는 무너졌다. 그러나 대부분의 조선인은 이후에 찾아온 새로운 무질서 속에서 안정을 누리기가 어렵다는 점을 깨달았다.

청일전쟁이 청과 조선의 엘리트에게 미친 영향은 컸다. 유럽과 미국을 포함하여 대부분의 정보통은 청나라의 승리를 예상했다. 청은 거대한 영토와 더불어, 조선과 가까운 위치에 있었고, 군사력 증강 사업을 이미 대규모로 시행하고 있었다. 일본군에 강제 징집되었던 조선인은 청나라가 그들을 구출해줄 것으로 기대했다. 심지어 일본에 동조적이었고, 일본의 대의에 자주 동참했던 조선의 개화파조차 청일전쟁의 승패가 불확실하다고 생각했다. 일본의 결정적인 군사적 승리는, 조선의 지도자들이 동아시아의 상황에서 조선이 어느 편에 속해야 할지를 다시 생각해야 한다는 사실을 의미했다. 새로운 힘의 배치를 이해하고, 이웃 국가들의 세력균형이 어떤지를 아는 일은 조선의 생사가 걸린 문제였다.

1890년대 후반 서구의 민족 담론과 연결된 민족성의 개념이 조선에서 유통되기 시작했다. 동학이 조선적인 것을 일본에 대한 반대, 혹은 청 제

국 질서 내에서 정의하려고 했던 것과 마찬가지로 지식인들은 그들이 해
외에서 배운 것을 활용하려고 노력했다. 유길준兪吉濬은 1895년 『서유견
문』에서 유럽적 용어인 '인민nation'과 '애국성愛國誠, patriotism'을 정의하고, 이
개념이 조선의 이상과 상통하는 측면을 지적했다. 일본과 미국에서 공부
했으며, 유럽을 여행했던 유길준에게 조선 민족주의는 성리학의 이상과
쉽게 통할 수 있었다.[10] 그러나 유교적 관행과 근대 한반도의 민족성의 연
계가 확립되기 위해선, 조선의 새로운 민족주의자들은 이상적인 중화(물
론 현실이 항상 이상적이었던 것은 아니다)에 대한 조선 성리학자들의 전통적
인 예속을 의미하는 사대 관계를 철폐해야 했다. 이와 같은 새로운 민족
주의자들이 모인 독립협회는, 조선인이 "중국 문화에 대한 문화적 노예
제"를 철폐해야 한다고 주장했다.[11] 일부 독립협회 인사들은 중국 유교
와의 연계를 완전히 끊길 원했으며 "3000년 동안 조선을 교화하기 위해
애써왔으나, 조선을 점점 더 깊은 수렁에 빠뜨리기만 한 고전"을 잊고
싶어 했다.[12]

한반도의 신세대 민족주의자들은 중국에 대한 사대도 아니고, 일본이
나 서양에 새롭게 예속도 아닌, 인민people을 교육하기 위해서 한글을 사용

---

10) Carter Eckert, "Conclusion," Shin Gi-Wook, and Michael E. Robinson, eds. *Colonial Modernity in Korea*(Cambridge: Harvard University Press, 1999)(카터 에커트, 「후기 헤겔의 망령을 몰아내며」, 신기욱·마이클 로빈슨 엮음, 도면회 옮김, 『한국의 식민지 근대성: 내재적 발전론과 식민지 근대화론을 넘어서』, 삼인, 2006, 510쪽); Koen De Ceuster, "The World in a Book: Yu Kilchun's *Soyukyonmun*," Remco E. Breuker, ed. *Korea in the Middle: Korean Studies and Area Studies: Essays in Honour of Boudewijn Walraven*(Leiden: CNWS Publications, 2008).

11) Michael E. Robinson, "Nationalism and the Korean Tradition, 1896–1920: Iconoclasm, Reform, and National Identity," *Korean Studies* 10(1986), p.41(옮긴이-이는 『독립신문』 1897년 4월 24일 기사이다).

12) Vipan Chandra, "Sentiment and Ideology in the Nationalism of the Independence Club (1896—1898)," *Korean Studies* 10(1986), p.23(옮긴이-이는 『독립신문』(영문판) 1896년 6월 6일 기사이다).

하여 고유의 문화를 활성화하고자 했다. "우리가 힘써야 문명개화의 부국강병이 될 터인데 … 오늘부터 백성이 힘을 써서 나라를 도와 독립을 영원토록 하여야 이후에 후생後生들이 세계에 기운을 펴고 얼굴을 들고 다니며 나도 상등국 백성이로라 하고 행세를 할 터인데…"[13] "'정의의 수호자되리라이오' '지선의 노력자이리라'이라. 그리하여 신의 대경론大經論을 행하는 부지런한 모군募軍이 되고 진리의 충복이 됨이라. … 표면으로만 보면 어느 사건 같은 것은 우리 후손이 보기에 크게 만족하지 못할 것이나, 그러나 지하의 복천伏泉 모양으로 그 밑에서는 모두 같은 모양으로 대정신이 연연涓涓히 흐름을 보는 것이다."[14] 한반도의 새로운 민족주의자들에게 민족nation은 한반도 고유의 정신력과 이를 부채질한 의리의 동의어였다.

한반도 민족이 자신을 드러내기 위한 방안으로 서로 다른 민족주의자들이 모두 입을 모아 강력하고 능력 있는 국가를 주장했다. 이를 통해 나라의 근대화를 이루고 병폐를 고칠 수 있을 것이기 때문이다. 몇몇 지식인은 유교적 사회 질서를 공격하며 유교적 사회 질서가 권위주의적이며, 가부장적이고, 여성과 젊은이를 억압한다고 주장했다. 그러나 다른 이들은 조선 유교의 일부 가치는 국왕의 지도하에 신국가의 지침으로 활용될 수 있다고 보았다. 이렇게 서로 대립하는 한반도 민족주의의 두 추세는 1890년대부터 초반부터 존재했지만, 제1세대 민족주의자들은 정치적 입

---

13) 같은 글, p.15(옮긴이―이는 『독립신문』(영문판) 1897년 10월 21일 기사이다).

14) Michael E. Robinson, "Nationalism and the Korean Tradition, 1896-1920: Iconoclasm, Reform, and National Identity," *Korean Studies* 10(1986), p.42(옮긴이―이는 「소년시언(少年時言)」, 『소년』 1910년 5월호[3년 5권]의 글이다. 일부 글을 현대어에 맞게 수정했다).

장과 외국과의 관계에 따라 자주 진영을 바꾸었다. 중국과 마찬가지로 이 시대는 매우 혼란스러운 시대였다. 확실하고 견고해 보이던 여러 것들이 잇달아 사라졌다. 하나의 파벌과 정체성은 새로운 시대를 열정적으로 배우려는 조선의 학생들에게 충분치 않았다.

정치적 상황 역시 조선인의 개인적, 이념적 차원의 불안정을 부채질했다. 1894년 조선의 개혁가들과 일본인 고문은 야심에 찬 개혁 사업을 위해 힘을 합쳤다. 고종의 승인에 따라 이루어진 소위 갑오개혁은 노비제를 폐지하고, 국왕이 협의해야만 하는 내각제 형태의 정부를 구상했다. 나라는 새로운 행정단위로 구획되어 조선 양반 계급의 정치적 지배를 무너뜨리고자 했다. 세금은 보다 공정하게 부과될 것이고, 조세 체계는 중앙집권화되며 일본 화폐와 연동된 새로운 화폐 제도가 도입될 것이었다. 갑오개혁은 개혁이 부분적으로나마 일본과 연결되었다는 이유로 조선에서 많은 저항에 부딪혔다. 왕비(명성황후)는 왕실이 권력을 너무 많이 포기하고 있다고 여기며 일본을 공개적으로 비판했다. 고종은 이전과 마찬가지로, 새로운 것의 수용과 외세의 간섭에 대한 비판 사이에서 망설였다. 갑오개혁은 중단되기 시작했고, 청일전쟁에서 군사적 승리를 통해 자신감을 얻은 일본의 외교관과 장교들은 갑오개혁에 반대하는 왕비를 암살하기로 했다. 1895년 10월 일본인은 왕궁에 침입하여 공포에 질린 궁녀들 앞에서 왕비를 살해했다.

왕비의 살해는 일본의 노골적인 과잉 행위의 첫 사례였다. 이는 한 세대에 걸쳐 일본이 아시아 지역에서 자행할 행위의 예고편 격이었다. 왕비의 살해 이후 조선인의 저항이 있었고 정치적 혼란이 벌어졌다. 고종은 러시아 대사관으로 피신했고, 1년간 러시아 대사관에 머물렀으며, 러시아는 조선 정치에 직접 진출했다. 이후 10년간 일본 지도자들은 조선에서의 영향력을 공고히 하고자 했으나, 러시아의 반대에 직면했고 또 다른 제국주의 국가들, 청과 조선인의 저항을 받았다. 고종은 스스로를 새로운 대한제국의 황제로 선포했고, 대한제국이 청 제국, 일본 제국과 동등한 지위에 있다는 점을 강조했다. 그러나 신생 독립 제국의 정치적 행동 범위는 해가 갈수록 줄어들었다. 청나라는 국내의 투쟁과 중국 내부로 침투한 서양과 일본 제국을 다루는 데 정신이 없었다. 동아시아 지역에서 일본의 성장으로 인해 조선 지도자들은 일본의 요구를 거절하기 어려웠다. 당시 주조선 영국 총영사였던 힐리어Hillier는 "일본이 눈에 잘 보이지 않던 중국의 조선에서의 종주권을 혁파한 것은, 이를 일본의 가시적인, 이기적인 지배로 대체하기 위해서"였다고 기록했다.[15]

청은 조선의 독립을 원칙적으로 받아들일 수밖에 없었다. 그리고 청 정부는 조선 문제에 대해 상대적으로 관심이 적기는 했지만, 청 제국의 관료들은 향후 어떤 일이 일어날지를 우려했다. 일본이 한반도를 병합할 경우를 두고 한 관리는 다음과 같이 주장했다. "우리 왕조의 모든 조공국藩이 외국의 야만인들에게 종속될 것입니다. 이는 다른 국가들이 중국의 내부를 침범하게 되고, 결과적으로 신강新疆, 대만, 티베트, 만주 등이 심각한 위기에 처하게 될 것입니다."[16] 또 다른 이는 조선이 중국을 방어하는

---

15) 이는 Kirk W. Larsen, "Competing Imperialisms in Korea," Michael Seth ed., *Routledge Handbook of Modern Korean History*(Adingdon: Routledge, 2016), p.34에서 재인용.

16) Yuanchong Wang, *Remaking the Chinese Empire: Manchu-Korean Relations, 1616-1911*(Ithaca: Cornell

울타리라고 주장했다. "만약 이 울타리가 무너지면 심양瀋陽이 큰 위기에 처하게 될 것입니다. 조선은 중국과 멀리 떨어져 있는 베트남이나 버마와는 다릅니다. 조선은 중국과 입과 입술, 뼈와 살처럼 상호 의존적입니다."[17] 한반도의 신국가인 대한제국을 다룰 때 청은 전통과 공동의 유산에 호소했으나, 이 시도는 별다른 결과물을 이루어내지 못했다.

다른 강대국을 끌어들여 조선의 독립을 유지하고자 했던 고종의 시도역시 성공하지 못했다. 1904~1905년 일본은 조선과 동북아 전역의 미래를 두고 또 한 번의 전쟁을 치렀다. 이번 상대는 러시아였다. 일본이 패배한다는 예상이 더 많았지만, 일본은 러일전쟁에서 승리를 거두었고 이는 17세기 후반 이후 아시아 강대국이 유럽과의 군사적 대결에서 얻은 첫 승리였다. 러일전쟁의 결과는 여러 면에서 조선의 운명을 결정했다. 일본은 이제 이 지역 내에서 가장 강력한 국가가 되었을 뿐 아니라, 일본의 엘리트들은 역내 최강국의 지위를 유지하기 위해서 조선을 완전히 장악해야 한다고 생각하기에 이르렀다. 10년 전과 비슷하게 서구 열강은 일본이 전쟁에서 얻은 결과물을 포기하라고 강요했다. 영토의 확장도 배상도 없던 포츠머스 강화조약에 반대하는 대규모 시위가 일본에서 벌어지는 가운데, 일본 지도자들은 고종에게 군사 및 외교에 대한 모든 책임을 일본에 넘기고, 조선에게 일본의 보호국이 될 것을 강요했다. 1907년 고종이 다른 열강들에 조선의 독립을 지켜달라고 호소한 이후, 일본은 고종에게 아들에게 양위하라는 압력을 가했다. 1910년 일본은 조선을 일방적으로 합

University Press, 2018), p.198에서 인용.

17) 같은 책.

병했다. 한일병합조약은 "한국 황제 폐하는 한국 전체에 관한 일체 통치권을 완전히 또 영구히 일본 황제 폐하에게 양여한다"라고 규정했다. 이렇게 500년의 역사를 지닌 조선은 이제 더는 존재하지 않았다.

청의 입장에서 일본이 조선을 완전히 합병하는 일은 가장 피하고 싶었던 선택지였다. 그런데도 청은 이를 저지할 수 없었다. 1910년대까지 중국 내부에서의 대립이 늘어나고 있었고, 청 정부는 조선을 향한 무대응을 비판하는 국내의 비판을 단속하려 했다. 많은 중국인에게 청이 일본의 조선 점령에 저항하지 못하는 일은 청 정부가 천명天命을 잃었음을 보여주는 신호였다. 언론 검열에도 불구하고 직접적으로든 간접적으로든 청 정부를 둘러싼 비판이 쏟아졌다. 곧 청 정부의 검열로 폐간되는『민우일보民吁日報』는 1909년 11월 9일「애조선哀朝鮮」이라는 논설에서 다음과 같이 논평했다. "조선의 지리적 위치를 고려할 때, 조선은 동아시아에서 패권국이 되기 위한 국가 간 투쟁의 중심에 있을 것이 분명했다. … 중간에 각국이 이익을 고루 나누어 가지며 우리 방대한 제국은 곧 수십 개 조선으로 분열될 것이다. 우리가 오늘날 조선을 애도하지만, 훗날에 남들이 우리를 애도하게 될까 두렵다."[18] 합병 이후, 또 다른 중국 신문은 젊은 조선인이 청나라 고위 관리에게 보낸 편지를 소개했다.

수천 년간 중국의 조공국이던 조선은 이제 멸망했습니다. 제 슬픔을 표현할 곳이 없어, 나는 이 애절한 편지를 청 제국의 일원인 당신께 보냅니다. 청

---

18) Quan Hexiu, "The Chinese Press' Reporting and Commentary on Imperial Japan's Forced Annexation of the Taehan Empire," *International Journal of Korean History* 16, no. 2(August 2011), pp.31–32에서 재인용.

의 문명이 더욱 발전하고 이전의 조공국이던 조선을 즉각 보호하고 궁극적으로 해방하기를 염원하는 제 마음을 공개적으로 전합니다. … 조선의 붕괴는 조선이 조국에 버금가는 것으로 여기는 청나라에도 깊은 관심사가 되어야 합니다. 조선-중국 간의 지리적 근접성은 한일 병합으로 인해 '순망치한'의 우려를 낳고 있습니다. … 이미 폐허가 된 조선을 향해 손쓸 방도가 없다는 점을 알고 있지만, 나는 당신의 나라(청)가 일본의 침략을 물리치고 4억 인의 힘을 빌려 우리나라(조선)를 되찾는 데 도움을 주기를 바랍니다.[19]

그러나 어떤 이들은 중국이 조선의 멸망에서 직접적인 정치외교적 교훈을 얻어야 한다고 비판했다. 『신보申報』는 "우리 정부가 허를 찔린 것 같다"라며 "우리의 정치 체제를 크게 개선하고 민심을 결집하여 다른 나라의 야심을 잠재워야 한다"라고 주장했다.[20] 『신보』의 경쟁지인 『시보時報』는 "일본이 조선의 독립을 보호한다는 명분을 들면서 조선을 수호해온 중국의 역사적 역할을 포기하도록 강요했지만, 실제로 일본은 조선을 통째로 삼켰다. 이처럼 일본이 조선의 독립을 요구한 것은 불행한 이웃 국가를 자국의 계획 아래로 편입시키기 위한 계략에 불과했다. 프랑스가 과거에 베트남을 향해 사용한 방법을 이제 일본은 조선을 향해 사용했다."[21]

1912년 청 제국이 마침내 멸망했을 때, 청나라를 비판하던 이들이 모두 공유하고 있던 생각은 청나라가 중국의 국제적 지위를 떨어뜨렸다는 것이었다. 처음부터 중국 민족주의자들은 외국의 제국주의자들에 맞서

19) 같은 글, pp.17-18(옮긴이-「대공보(大公報)」 1910년 11월 13일 기사이다).

20) 같은 글, p.22(옮긴이-「신보」 1910년 9월 3일 기사이다. 제목은 「今日所謂某國者」이다).

21) 같은 글, pp.24-25(옮긴이-「시보」 1910년 8월 28일 기사이다. 제목은 「讀日韓合邦草約」이다).

중국의 이익을 옹호하고자 했기 때문에, 한반도를 바라보는 태도는 이중적이었다(이는 베트남, 몽골, 티베트도 마찬가지였다). 중화민국의 초대 주석이자 민족주의자인 쑨원孫文과 같은 경우에는 조선의 민족주의자들과 연대하며, 실질적인 지원을 제공하고 싶어했다. 한편 다른 이들은 이 모든 주변국들이 과거 제국의 조공국으로서 중국과 특별한 관계를 맺고 있다고 생각하기도 했다. 중국의 첫 민족주의자들에게 중국을 규정하는 일은 역사, 문화, 정치적 목적과 관련하여 매우 중대한 도전이었다.

망 명 중 의 민 족 주 의

조선인의 처지에서 볼 때 청일전쟁 이후의 15년은 충격과 실망의 연속이었다. 그 결과는 한일합방이라는 예상치 못한 재난이었고, 조선인은 일본뿐만 아니라 중국과 그들 자신을 비난했다. 일본은 탐욕스럽고 잔인하지만, 동시에 역동적이고 대담하고 질서정연하게 보였다. 반면 청나라는 후진적이고 무기력하게 보였다. 그리고 조선의 엘리트들은 그들의 과거가 세상 물정에 어두웠다고 평가하고, 오늘날의 상황에 부합하지 않다고 보았다. 과거의 방식을 고수했기에 민족은 망국의 길을 걸었다. 1910년 이후 일부 조선인은 이기심 혹은 향후 더 강한 조선을 건설하기를 바라는 마음에서 일본과 협력하기로 했다. 다른 이들은 한반도를 떠나 망명길에 오르거나, 한반도 안에서 이론적이든 실질적 차원에서 민족의식을 양성하고자 했다. 이들 모두에게 가장 큰 비극은 한반도에서 근대 민족주의가 본격화되자마자 그들의 나라가 일본에 합병되었다는 사실이었다. 비록 조선인은 과거를 통해 서로 다른 교훈을 얻었지만, 민족주의가 태동하자마자 나라를 잃은 이 모순으로 조선의 민족 개념은 다른 지역에서 좀처럼 찾아보기 어려운 강렬한 열망을 지니게 되었다.[22]

일본의 점령에 맞서는 저항은 주로 한반도 바깥에서 전개되었기에 민족주의의 열정은 더욱더 커졌다. 망명 조선인들은 상하이, 블라디보스토크, 만주에 모였다. 어떤 이들은 미국으로 갔고, 그중에는 조선인 최초로 미국 대학교에서 박사 학위를 받은 젊은 이승만李承晩도 있었다. 한일합방의 충격은 깊었고, 망명 저항 단체들이 전면적인 저항 운동으로 결집하기까지 시간이 좀 걸렸다. 중국에서 망명 중이었던 조선인들은 최초의 중국 공화정 정부가 일본의 압력에 저항하지 못하는 데 실망한 급진적인 중국 민족주의자들과 긴밀히 협력했다. 조선에 파견된 청 관리였다가 이제는 중화민국의 대총통이 된 원세개는 1915년 중국에서 추가적인 영향력을 원했던 일본의 21개조 요구를 수용한 이후, 조선인과 중국인 급진파 모두의 혐오 대상이었다.

일본인 행정가들과 이들과 협력했던 조선인들의 목표는 한반도를 새로운 제국에 어울리는 근대적이고 효율적이며 생산성 높은 지역으로 만드는 것이었다. 첫 번째 과제는 신질서에 대한 광범위한 공개적 저항을 탄압하는 일이었다. 일본군과 경찰이 무자비하고 체계적인 방법으로 저

---

22) 이에 대한 개관으로는 Michael E. Robinson, "Nationalism and the Korean Tradition, 1896~1920: Iconoclasm, Reform, and National Identity," *Korean Studies* 10(1986), pp.35~53.

항을 근절했다. 한반도의 산악 지역에서 자신을 스스로 '의병'이라고 부른 저항 조직은 효율적인 일본군의 작전과, 일본으로부터 많은 보수를 받았고 한반도 지리에 밝은 조선인 정찰대의 협력 아래 토벌되었다. 마을에는 매우 엄격한 감시와 통행 금지령이 내려졌고, 주민들은 새로운 모국 일본의 부와 권력과 관련된 선전에 노출되었다. 모든 조선인에게 전하고자 한 바는 분명했다. 일본과의 협력을 통해서만이 조선에서 근대성의 이상을 실현할 수 있으며, 일본과의 공동체적 관계를 통해 조선인은 안전할 수 있다는 사실이었다.

40년에 가까운 일본의 지배 동안 한반도의 외적 변화는 실로 놀라웠다. 도로와 철도 그리고 라디오와 전신을 통해 통신의 혁명이 일어났다. 농산물 생산도 개선되었지만, 이들 중 대부분은 일본 제국으로 수출되었다. 1890년대부터 서서히 시작된 산업 생산은 특히 한반도 북부 지역에서 활발히 이루어졌다. 기초 교육이 의무화되고 대학과 기술학교가 설치되었다. 법과 새로운 규정이 포괄적으로 정비되고, 이를 적용할 새로운 식민지 법관들이 양성되었다. 일본과 그 지지자들은 새로운 조선이 중국, 그리고 이전의 조선과도 완전히 다르다고 주장했다. 그들의 처지에서 볼 때 이제 조선인들은 암흑의 시대를 벗어나 근대성의 새로운 빛으로 발을 내디뎠다.

그러나 통치자로서 보여준 효율에도 불구하고 일본인 지도자들은 새로운 제국에서 조선인의 정확한 지위가 무엇인지를 두고 고심을 거듭했다. 조선은 식민지라기보다는, 특별 행정 관리 대상이자 제국의 필수 지역이었다. 조선인은 일본 천황의 신민臣民이었지만 완전한 일본인은 아니었다. 조선인은 일본인이 되기를 열망해야 했지만, 어떻게 일본인이 될 수 있는지 그 과정은 분명하지 않았다. 근대 유럽의 제국과 마찬가지로 일본도 제국의 신민을 자신들의 기준에 맞추어 관리하고 근대화를 이루고 이를 개선하기를 원했지만 완전한 통합이 가져올 결과를 염려했다. 그 결과 조선인은 일본 내에서든 제국의 다른 지역 내에서든 2등 신민으로 취급되었다. 식민지 시기 내내 일본인이 한반도 내의 여러 특권을 차지했다. 또 일본인은 한반도 토지의 절반을 차지하고 전문직과 산업직을 독점했다.

이러한 상황에서 조선인의 저항이 재개된 것은 놀라운 일은 아니다. 1919년 광범위한 민족주의 시위가 일어났다. 고종이 그해 사망했고, 많은 조선인은 그를 나약한 왕이나 굴욕적인 황제라기보다는 위대한 국가의 지도자로서 애도하길 원했다. 3월 1일 민족주의자들이 경성에서 「독립 선언서」를 낭독했다.

우리는 오늘 우리 조선이 독립국이며 조선인이 자주민임을 선언합니다. 이를 세계만방에 알려 인류 평등의 큰 뜻大義을 환하게 밝히며, 이를 자손만대에 알려 민족의 자립과 생존의 정당한 권리正權를 영원히 누리게 하려는 것입니다. 반만년 역사의 권위에 의지하여 이를 선언하며, 이천만 민중의 정성誠忠을 모아 이를 두루 밝히며….[23]

---

23) Han-Kyo Kim, "The Declaration of Independence, March 1, 1919: A New Translation," *Korean Studies* 13(1989), pp.1-4(옮긴이-「기미 독립 선언서」를 현대어에 맞게 풀었다).

망명 중인 조선인 지도자들은 제1차 세계대전 이후의 평화회의에서 조선의 독립을 국제적으로 인정을 받으려고 했지만, 이들은 문전박대를 당했다. 일본은 제1차 세계대전의 승전국이었고 서구의 그 어느 국가도 한반도 문제를 두고 일본과 대립하기를 원하지 않았다. 서구 국가가 한반도 문제의 해결을 요구한다면 이는 그들 자신의 식민 제국 내의 신민들에게 영향을 줄 수도 있었다. 「독립 선언서」는 중국이 "동양 안위의 주축"이라 언급했지만, 중국의 중재 역시 이루어지지 못했다.[24] 많은 중국인에게 그러했듯이, 세계대전 이후의 시기에 조선인은 민족적 열망을 이루는 데 있어 실망을 거듭했다. 우드로 윌슨Woodrow Wilson 미국 대통령이 정치적 자결권이 모든 민족의 보편적 권리라 천명했을 때, 주권을 지닌, 독립적이며 통일된 국가는 조선인에게 가까운 미래처럼 보였다. 윌슨 대통령은 미국을 대표해서 1918년 "정의와 자치에 대한 우리의 열정은 … 일단 행동으로 옮겨지면 반드시 실현되어야 할 열정입니다"라고 말했다. 이때 많은 아시아인은 미국의 자유를 향한 열정에 그들 자신이 포함되기를 원했다.[25] 1920년대 초까지 서구의 지원을 바랐던 조선인의 희망은 이루어지지 못했고 많은 조선인은 일본의 한반도 지배 아래 고통을 받았다.

윌슨의 행동에 실망한 조선인의 민족적 열망은 크게 두 가지 방향으로 분화되었다. 먼저 첫 번째 흐름은 무장 투쟁이었다. 일본이 3·1 운동을 단속하면서 적어도 7,000명 이상이 숨졌고 무장 게릴라 집단이 한반도 안팎에서 일본과 싸우기 시작했다. 대부분의 게릴라 집단은 만주 지역에 자

---

24) 같은 글.

25) "윌슨 대통령의 의회 연설(1918년 2월 11일)," *The Papers of Woodrow Wilson*, Volume 46, January 16-March 12, 1918(Princeton: Princeton University Press, 1984), p.318.

리를 잡았다. 만주는 19세기 후반부터 조선인이 많이 이주한 지역이었고, 일부 독립운동 단체가 한반도를 떠나 이 지역으로 후퇴했다. 1920년대 조선인 무장대는 러시아 내전 시기 만주와 동러시아 지역으로 진입한 일본군과 처음으로 교전했다. 한국 측 자료가 당시 사망한 일본군의 수를 종종 과장하고 있지만 중요한 사실은 독립운동에서 만주에서의 투쟁이 매우 중요했으며 이는 1919년 상하이에서 결성된 대한민국 임시정부의 수립에도 영향을 미쳤다는 점이다.

두 번째 흐름은 1917년 10월 러시아 혁명이 독립을 추구하는 조선인에게 미친 영향이었다. 중국인이나 동남아시아인에게 그러했듯이 볼셰비키가 주장하는 제국주의로부터의 해방과 후진국을 집단주의적이고, 국가 중심적인 조치를 통해 발전시킨다는 구상은 조선인에게 매력적이었다. 신생 소비에트 사회주의 공화국 연맹Union of Soviet Socialist Republics, USSR(소련)은 한반도와 중국에 다른 형태의 미래라는 희망을 보여주었다. 일부 망명 조선인들은 볼셰비키의 접근법이 너무 급진적이거나 지나치게 서구적이라고 생각하기도 했지만, 다른 이들은 조선의 가치와도 어울릴 수 있는 조직 형태와 세계관을 발견했다. 최초의 조선인 공산주의자들은 마르크스주의의 유물론과 씨름했다. 조선인의 성리학적 사고방식은 세계가 물질적 진보와 계급투쟁에 기초해 있다는 인식과 잘 어울리지 못했다. 그러나 소련과 중국의 마르크스주의자들이 일본의 점령과 맞서 싸울 수 있는 이론적이고 실용적인 방법을 제시한다면 조선인은 이를 기꺼이 배울 것이었다.

다른 민족주의 운동과 마찬가지로 조선인 공산주의 운동은 망명지에서 자라났다. 최초의 조선인 공산주의자들은 만주, 시베리아 또는 러시아의 태평양 지역에서 중국이나 소련 조직의 일부였다. 시베리아에서 태어난 김 알렉산드라(김애림)는 러시아 볼셰비키당의 극동 인민위원장을 맡았고, 1918년 4월 하바롭스크에서 창당된 한인사회당의 공동 창립자였다. 김 알렉산드라는 러시아 반혁명파 백군과 이들을 돕는 일본군에 체포되고 처형되었다.[26) 1921년 두 개의 조선인 공산당이 이르쿠츠크와 상하이에서 활동했다. 모스크바에 본부를 둔 공산주의 인터내셔널(코민테른)은 통합된 조선공산당 조직을 만들고자 했으나, 조선인 공산주의자 사이의 파벌 싸움을 막지는 못했다. 조선인 동지들과 마찬가지로 러시아 혁명에 감명을 받은 젊은 중국인들이 1921년 중국공산당을 창당했고, 중국공산당은 초창기부터 조선인의 입당을 허용했다. 조선인은 중국공산당과 소련 사이의 연결책 역할을 맡았다. 중국 공산주의자와 급진 중국 민족주의자 들은 중한호조사中韓互助社를 조직했다. 후난성에서 젊은 마오쩌둥이 이 조직의 장을 맡기도 했다.[27)

그러나 한반도 안에서든 밖에서든 조선인 공산주의자가 되는 일은 간

---

26) *Aleksandra Petrovna Kim-Stankevich: ocherki, dokumentyimaterialy*(Alexandra Petrovna Kim-Stankevich: Essays, Documents and Materials)(Moscow: Institut vostokovedeniia RAN, 2008)를 보라. 그리고 B. D Pak, *Borba Rossiiskikh Koreitsev Za Nezavisimost Korei, 1905-1919*(The Struggle of Russian Koreans for the Independence of Korea, 1905-1919(Moscow: IV RAN, 2009).

27) 초창기 중국과 조선 공산주의에 대해서는 Hyun Ok Park, *Two Dreams in One Bed: Empire, Social Life, and the Origins of the North Korean Revolution in Manchuria*(Durham: Duke University Press, 2005); Zhihua Shen, "Sharing a Similar Fate: The Historical Process of the Korean Communists' Merger with the Chinese Communist Party(1919-1936)," *Journal of Modern Chinese History* 11, no. 1(January 2017), pp.1-28.

단한 일이 아니었다. 1920년대 후반과 1930년대에 한반도에서 공산주의자를 향한 탄압이 심해졌고, 수감 상태를 면한 사람들은 해외로 도피를 해야만 했다. 한편 일본은 만주로 팽창했고 공산주의자의 존재는 위태로워졌다. 코민테른이 중국 내 모든 조선공산당 조직을 혁파하고, 중국공산당에 가입하라 했을 정도로 조선 공산주의자들 간의 파벌 투쟁은 매우 복잡했다.[28] 1931년에 중국공산당에 가입한 사람 중에는 한반도에서 태어났지만 만주에서 성장한 젊은 김일성金日成도 있었다. 1930년대 중반 중국공산당과 소련 공산주의자 들은 조선인 당원이 일본의 간첩이라고 의심했다. 중국공산당 내에서 많은 조선인이 숙청되고 자리를 잃었다. 소련에서 조선인들은 더 좋지 않은 운명을 맞이했다. 스탈린의 숙청 기간 동안 조선인 공산주의자들은 그 비율 면에서 다른 그 어떤 집단보다도 더 많은 피해를 입었다. 1937년 소련 극동 지역의 모든 조선인은 일본의 침략 시 일본과 협력할 수 있다는 근거 없는 두려움을 이유로 중앙아시아 지역으로 추방되었다.

조선인 공산주의자 사이의 내분으로 공산주의자는 그 세력 면에서 민족주의자를 능가하기 어려웠다. 그러나 대한민국 임시정부 역시 나름의

---

28) 코민테른과 조선인 공산주의자에 대해서는 Wada Haruki and Kirill Shirinia, eds., *VKP(b), Komintern i Koreia, 1918-1941*(All-Union Communist Party(Bolsheviks), Comintern, and Korea, 1918-1941)(Moscow: ROSSPEN, 2007); Vladimir Tikhonov, "'Korean Nationalism' Seen through the Comintern Prism, 1920s-30s," *Region: Regional Studies of Russia, Eastern Europe, and Central Asia* 6, no. 2(2017), pp.201-224; Vladimir Tikhonov and Kyounghwa Lim, "Communist Visions for Korea's Future: The 1920-30s," *The Review of Korean Studies* 20, no. 1(June 2017), pp.7-34. 고전적인 논의로는 Robert A. Scalapino and Chong-Sik Lee, "The Origins of the Korean Communist Movement (I and II)," *The Journal of Asian Studies* 20, no. 1(1960), pp.9-31; no. 2(1961), pp.149-167(로버트 A. 스칼라피노, 이정식, 『한국공산주의운동의 기원』, 한국연구도서관, 1961).

고충을 겪고 있었다. 미국에 있을 때 임시정부 초대 대통령으로 지명된 이승만은 상하이로 왔다가 몇 달 후 다시 미국으로 돌아갔다. 이승만은 미국에서 민족주의 운동을 하는 것이 더 낫다고 판단했다. 1925년 이승만은 대통령 자리에서 면직되었고 임시정부는 많은 지도자 사이에 갈등을 겪으면서 격동의 시기를 겪었다.

조선인 민족주의 운동가들이 서로 다투고 있는 동안 중국 민족주의 운동가들은 단결하기 시작했다. 중국국민당 당수 쑨원은 소련의 지지를 받으며 소수의 중국공산당원과 합작하여 마지못해 반제 투쟁의 대중적 지도자가 되었다. 쑨원은 동아시아 지역에서 중국의 중심성을 회복하기를 희망했다. 이를 위해서라면 일본과의 동맹도 가능한 선택지였다. 쑨원은 사망하기 1년 전인 1924년 일본에서 한 연설에서 청중들에게 아시아 해방의 지도자가 되기를 촉구했다. 한반도를 언급하는 일을 최대한 피하면서 쑨원은 서방의 '패도覇道'를 공격하는 동시에 일본의 근대화에 찬사를 보냈다. 중국은 약하고 분열되어 있지만, 인의와 도덕의 '왕도王道'를 지니고 있다. "인의와 도덕은 정의와 공리를 가지고 사람을 감화시키며 공리와 강권은 총과 대포를 가지고 사람을 압박한다고 했습니다. 감화를 받은 사람은 상국上國이 쇠락한 지 수백 년이 되어도 아직 잊지 않고 있으며 네팔 같은 나라는 지금도 기꺼이 진심으로 원하여 중국을 상방上邦으로 모시고자 합니다." 쑨원은 일본에 선택지를 제시했다. "일본은 서방 패도의 주구가 될 것인지 아니면 동방 왕도의 간성干城이 될 것인지 여러분 일본인 스스로 잘 살펴 신중히 선택하십시오!"[29]

---

29) 「大亞洲主意」, 『國父全集』 3권(臺北: 1989), pp.540·542(쑨원, 「대아시아주의」, 최원식·백영서 엮음,

조선인 민족주의자들과 적지 않은 중국인이 일본을 향한 쑨원의 호의적인 태도에 경악했다. 그러나 쑨원의 인기 비결은 연대를 이루어내는 능력이었다. 젊은 중국의 민족주의자들이 그들의 뜻을 펼칠 수 있는 조직은 쑨원의 중국국민당뿐이었다. 쑨원은 지지자들에게 제국이 아닌 민족을 약속했지만, 이 민족은 특별한 자질을 지니고 있으며, 아시아에서 특별한 지위를 지닌 민족이었다. 먼저 중국에 존재하는 서구 제국주의의 침탈과 지역적 자율성을 추구하는 '군벌'(쑨원의 표현이다)들이 분쇄되어야 했다. 소련의 도움으로 쑨원은 광저우에 있는 본부에서 중국을 재통일하기위한 '북벌'을 준비했다. 중국에 살고 있던 조선인은 국민당의 북벌을 조국의 향후 해방의 일환으로 인식했다. 800명 이상의 조선인이 북벌에 참가 신청을 했고 북벌이 진행되면서 더 많은 조선인이 이 대열에 동참하기를 원했다.

하지만 쑨원은 투쟁보다는 언변에 능한 인물이었다. 그는 북방의 군벌과 최후 담판을 위해 베이징으로 가기로 결심했다. 하지만 그는 그곳에서 병에 걸려 1925년 58세의 나이로 사망했다. 국민당의 후계 구도는 매우 불확실했다. 후계자로 부상한 인물은 국민당의 군사 지도자였던 장제스蔣介石였다. 장제스는 쑨원이 없는 상태에서 북벌을 과감히 추진했다. 중국 민족주의자들과 공산당 조직이 함께 북상하면서 그들은 쑨원의 순국을 기리고 서구 제국주의의 과도한 요구를 배격한다는 구호를 내걸었다. 1927년 즈음 국민당은 상하이를 포함한 대부분의 중국 남부 지역을 장악

『동아시아인의 '동양' 인식: 19~20세기』, 문학과지성사, 1997, 174 · 178쪽); Craig A. Smith, "Chinese Asianism in the Early Republic: Guomindang Intellectuals and the Brief Internationalist Turn," *Modern Asian Studies* 53, no. 2(March 2019), pp.582–605도 참고하라.

했다. 장제스와 지지자들은 공산주의자에게 등을 돌렸고, 중국공산당은 지하로 잠적했다. 그리고 그들은 조선인과 다른 외국인 투사들이 모두 장제스와 국민당의 권위를 따라야 한다고 주장했다.

국민당이 중국의 지배권을 확립하자, 조선인의 활동 범위는 다소 제한되었다. 장제스는 조선인의 해방 투쟁에 동조했지만 그 자신이 임시정부를 통제하고 조선인 지도자들의 목표가 장제스가 중국에서 설정한 목표 아래 진행되기를 원했다. 장제스는 일본과 대결로 이어질 수 있는 중국 내의 조선인의 도발을 피하고자 했다. 근대 일본의 주역이자 조선의 초대 통감이었던 이토 히로부미伊藤博文는 1909년 만주에서 조선인에게 암살을 당했다. 상하이에서 중국군과 일본군이 충돌한 1932년, 한 젊은 조선인이 일본군 사령관과 일본인 장관을 살해하고자 폭탄을 터뜨렸다. 장제스는 사적으로는 이 공격을 칭찬했으나 이에 대한 공개적인 언급을 하지는 않았다.[30] 모두 1920년대와 1930년대 중국에서 일본군을 향한 조선인의 공격은 300회를 넘었고, 만주에서도 조선인 유격대가 일본군과 투쟁하고 있었다.

1932년 즈음 중국과 일본이 충돌로 나아가고 있음은 명백했다. 일본은 국민당의 중국 통일이 동아시아에서 일본이 누리고 있는 특권적 지위를 향한 즉각적인 위협이라 보았고, 1920년대부터 점차 세력을 확장해온 만주를 완전히 장악하기 위해 움직였다. 일본이 만주국이라 불린 일본의 만주 위성국의 새로운 지도자로 청나라의 마지막 황제를 선택한 것은 일부

---

30) 30년 후 1960년대 장제스는 조선인 젊은이를 기리는 헌시를 썼다. "윤봉길 길이 빛나리, 장제스 헌시 공개," 『중앙일보』 2013년 12월 19일. 장제스는 다음과 같이 썼다. "대의를 밝히고/살고 죽는 것을 알고."

조선인의 시각에서는 충분히 예측 가능한 일이었다. 대한민국 임시정부는 자체적인 무장군대인 한국광복군Korean Liberation Army을 조직했고, 과거에도 그러했듯이 진정한 중국인과 조선인은 지금도 동맹이라고 주장했다. 장제스는 광복군의 군사력을 대단치 않다고 보았지만, 광복군을 통해 얻을 수 있는 조력에는 기뻐했다. 그러나 장제스는 망명 상태의 대한민국 임시정부를 공식적으로 승인하지 않았으며, 이는 조선인으로서는 실망스러운 결과였다.

일본의 점진적인 만주 점령은 만주에서 작전을 펼치던 조선인 공산주의 부대의 운명에는 치명적이었다. 만주 내의 중국공산당이 일본의 공격을 피해 만리장성 이남의 동지들과 합류하기 위해 남쪽으로 향했다면, 많은 조선인은 북쪽으로 이동해 소련과 합류했다. 김일성과 그 휘하의 게릴라 부대가 만주에 끝까지 남아 활동했다. 김일성은 1940년 소련으로 건너가 제88 독립 보병여단의 소련군 대위로 훈련을 받았으나, 1945년까지 김일성 부대는 대기 상태로 머물렀다. 일본과 싸우기를 원했던 한반도 밖의 조선인들에게 남은 선택지는 세 가지였다. 1) 대한민국 임시정부에의 참여, 2) 중국 공산주의자와의 합류, 3) 소련에의 합류였다. 1930년대 내내 조선인 망명객 간의 정치는 점점 더 파벌 투쟁에 휘말렸고, 외국의 후원자들은 각자 '그들의' 조선인을 지지했다.

이 문제에 있어 대다수 조선인에게는 별다른 선택지가 없었다. 1920년대 일본의 식민지 지배는 다소 유화적이었다. 그러나 1930년대 일본이 다른 열강과 충돌하기 시작하면서 일본의 탄압은 다시 거세졌다. 만주 점령

이후 일본이 고립되고 있다는 사실에 조선인 망명객들은 환호했지만, 한반도 내의 조선인들은 정상적인 삶을 살기 위해서 점령자들과 수백 가지의 타협을 해야만 했다. 어떤 이들은 저항의 길을 택했지만, 더 많은 조선인은 제국 일본의 이데올로기 속으로 빨려 들어갔다. 일본은 높은 수준의 교육과 기술, 그리고 강력한 군사력을 지녔으며, 서구의 퇴폐와 중국의 분열과 비교할 때 전도유망한 미래를 지닌 강국이라는 이데올로기였다. 일본을 위해 전부를 내던지는 것은 1930년대 중반까지 조선인이 놓여 있었던 중간적 노선보다 쉬운 일이었다. 일본의 입장을 받아들인 젊은 조선인 중에는 박정희朴正熙가 있었다. 그는 만주국과 일본에서 장교 훈련을 받았고, 만주에서 공산주의자와 싸웠다.

만약 조선인이 한반도 안에서 그리고 일본 안에서 어려운 선택에 직면했다면, 조선인의 만주와 대만에서의 지위는 더욱 양가적이었다. 1945년까지 약 200만 명의 조선인이 만주국으로 이주하여 농사를 짓거나 사업에 종사했다. 이들은 일본인 신민으로서 지위를 보장받았다. 몇몇 조선인은 만주가 민족의 고토라 생각했기에 만주에서의 성공에 자부심을 보였다. 일본의 보호 아래 조선인의 수가 늘어나자, 당연하게도 만주에서 중국인과 조선인 간의 충돌이 잦아졌고 때로는 폭력 사건이 발생했다. 한반도 북쪽의 국경 지대에서 중국인과 조선인의 갈등을 두고, 한반도 내의 중국인들이 이 때문에 보복을 당하기도 했다. 대만에는 소수의 조선인이 있었지만, 이들은 여기에서도 양가적인 지위에 있었다. 대만인의 눈에는 조선인은 일본의 앞잡이로 보이기도 했고, 또 다른 관점에서는 대만의 제국주의 군사 기지에 성노예로 강제 동원된 조선인 여성의 경우처럼 이들은 일본의 착취를 받는 대상이기도 했다.

일 본 과 의 전 쟁

1937년 중국과 일본 간의 전면전이 발발했다. 그리고 1941년 태평양 전쟁이 시작되면서 식민지 조선은 일본 제국의 과잉 팽창으로 고통받기 시작했다. 일본의 탄압은 그 어느 때보다 심해졌고, 일본 당국은 조선인을 상대로 문화 학살cultural genocide을 시도했다. 모든 조선인은 창씨개명을 해야 했고, 학교에서 조선어를 가르칠 수 없었다. 조선인은 일본군을 위해 징용되거나, 일본군 병사로 징병되었다. 약 500만 명의 조선인이 징용되고, 그중 25만 명은 군인이었다. 그리고 적어도 10만 명은 성노예로 끌려갔다. 또 2만 5,000명 이상의 조선인이 일본의 전쟁에서 싸우다 목숨을 잃었다.[31]

한반도 안의 조선인이 고통을 받고 있었지만, 일본의 침략 범위가 갈수록 팽창하는 일은 한반도 밖의 망명 조선인 민족운동가들에게 새로운 기회였다. 이제 그들은 조선이 일본의 첫 번째 희생자였고, 일본의 진정한 목표는 아시아와 태평양 지역을 점령하는 것이라 주장할 수도 있었다.

---

31) Bruce Cumings, *Korea's Place in the Sun: A Modern History* (New York: W. W. Norton, 2005[1997]), pp.174-184(브루스 커밍스, 김동노 외 옮김, 『브루스 커밍스의 한국현대사』, 창비, 2001, 246-260쪽); Allyn Vannoy, "Korea under the Rising Sun," https://warfarehistorynetwork.com/daily/wwii/korea-under-the-rising-sun/

미국으로 돌아가 활동하고 있었던 이승만은 16세기 말처럼 조선이 일본의 중국 정복 계획의 발판이 되었다고 주장했다. 이승만은 미국이 한국을 승인하는, 독립을 지원받기 위해 노력했다(지원의 제1순위가 자신이기를 바랐지만 말이다). 하지만 이는 처음에 별다른 성과를 거두지 못했다. 임시정부는 장제스와 국민당을 통해 더 많은 기회를 잡았다. 장제스는 임시정부를 지원하는 것이 일종의 의무일 뿐 아니라 중국에도 실질적으로 필요한 조치라 생각했다. 장제스는 전쟁이 끝난 후 아시아에서 중국의 위상을 재건하는 일을 목표로 두었다. 한반도의 신생국이 중화민국과 긴밀히 협력한다면 이는 아시아에서 중국의 위상을 재건하는 계획의 핵심이 될 수 있었다. 1934년 일본과 전쟁이 무르익을 무렵 장제스는 일기에 다음과 같이 썼다. "대만과 한반도를 되찾자. 이곳은 한과 당 왕조의 일부였던 땅이다. 그럴 때만 우리는 황제의 자손으로 부끄럽지 않을 것이다."[32]

대한민국 임시정부의 목표가 장제스의 장기적인 목표와 상충하기도 했지만, 대한민국 임시정부는 중국국민당과 뜻을 함께할 수밖에 없었다. 중국국민당 정부가 일본군의 공세를 받아 서쪽으로 이동하자, 임시정부 지도부도 그들과 함께 이동하여 충칭重慶에 거점을 두었다. 이들의 모든 활동은 중국국민당과의 긴밀한 제휴 아래 이루어졌고 당시 임시정부 주석을 맡고 있던 김구金九는 "우리 한국의 삼천만의 우군友軍이 몸과 마음을 바쳐 적의 뒤를 쫓고자 함에 있어서라!"라고 선언했다.[33] 그리고 임시

---

32) Howard W. French, *Everything under the Heavens: How the Past Helps Shape China's Push for Global Power*(Brunswick: Scribe Publications, 2017), p.72에서 재인용(옮긴이-이는 장제스의 1934년 3월 27일 일기 내용이다).

33) Myongsob Kim and Seok Won Kim, "The Geopolitical Perceptions of Kim Ku and Syngman Rhee: Focusing on the Period of Japanese Occupation," *Korean Social Sciences Review* 1, no.

정부의 무장군대인 광복군은 중국국민당 국방 최고위원회의 직접 지휘를 받는 것에 동의했다. 장제스는 임시정부의 분열상이 매우 절망적이기에 임시정부가 과연 동맹으로서 효과적일지 의심했다. 한 관찰자는 임시정부가 "셋집을 얻어 정부청사를 쓰고 있는 형편에 그 파派는 의자보다 많았다"라고 보고했다.[34] 그러나 충칭에 임시정부가 있었다는 사실은, 자신을 스스로 총통Generalissimo이라 칭하기 시작한 장제스가 1943년 카이로에서 전시 동맹국이었던 미국 대통령 프랭클린 루스벨트Franklin Roosevelt와 영국 총리 윈스턴 처칠Winston Churchill을 만났을 때, 임시정부를 국제적으로 대변하는 데 도움을 주었다. 장제스는 전쟁이 끝난 후 한반도가 독립될 필요성을 강조했으나, 카이로 회의 직전 루스벨트를 만났을 때는 장제스는 적어도 얼마간 "한반도가 중국과 미국의 보호tutelage를 받는 반半─독립 상태"에 있어야 한다고 말했다.[35] 루스벨트는 "중국이 만주와 한반도를 재점령하고자 한다는 사실은 명백하다"라고 결론 내렸다.[36] 루스벨트는 소련까지 참가하는 국제 신탁통치 방안을 선호했으나, 장제스는 이와 같은 해결책을 피하고 싶어했다. 미국, 중국, 영국이 최종적으로 동의한 「카이로 선언」은 다음과 같았다. "조선을 적당한 시기에in due course 자유롭

1(2011), p.124(옮긴이―김명섭, 김석원, 「김구와 이승만의 지정인식: 일제강점기를 중심으로」, 『한국정치학회보』 43권 3호, 2009, 63쪽. 이는 김구의 『도왜실기』(1932), 「서문」에 나오는 내용이다).

34) 같은 글, p.133(옮긴이―김명섭, 김석원, 「김구와 이승만의 지정인식: 일제강점기를 중심으로」, 69쪽. 이는 장준하의 『돌베개』(1985), 207쪽에 나오는 내용이다).

35) Xiaoyuan Liu, "Sino─American Diplomacy over Korea during World War II," *The Journal of American-East Asian Relations* 1, no. 2(1992), p.240; Ku Daeyeol, "China's Policy Toward Korea During World War II: Restoration of Power and the Korean Question," *Korea Journal* 43, no. 4(2003)(구대열, 「2차 대전 중 중국의 한국정책」, 『한국정치학회보』 28권 2호, 1995).

36) Xiaoyuan Liu, "Sino─American Diplomacy over Korea during World War II," p.227.

고 독립적인 국가로 만들 것을 굳게 다짐한다.”

장제스는 일본과의 전쟁이 끝나면 중국과 한반도 공산주의자들의 위상이 높아지리라 생각했기 때문에 한반도를 향한 소련의 영향력을 무척 우려했다. 장제스의 눈에 아시아 공산주의자들은 소련의 지도자 이오시프 스탈린Joseph Stalin의 도구일 뿐이었고, 이들은 일본이 패망한 이후 장제스가 염두에 두었던 중화민국이 중심이 되는 동아시아 지역의 위대한 부활을 저지하는 일당일 뿐이었다. 장제스의 군대가 일본과의 전쟁에서 큰 타격을 입은 반면, 중국공산당의 영향력은 북중국에서 크게 신장되었고 여기에는 일본과 국민당이 대치했던 전선의 배후 지역도 포함되었다. 국제적 승인을 받지는 못했고, 국민당 부대에 비해 무장력이 열세였던 중국공산당은 때를 기다리고 있었다. 중국공산당을 확고히 장악하고 있던 마오쩌둥은 레닌Vladimir Lenin이 1917년에 그러했듯이, 대전쟁이 종식되면 혁명적 행동에 나설 전례 없는 기회가 올 것이라고 예측했다. 그리고 일본이 여전히 팽창하고 있는 동안, 마오쩌둥은 소련의 참전을 기대하고 있었다. 소련의 참전은 일본과 국민당 모두의 판을 뒤엎을 것이었다.[37)]

전후의 기회를 준비하면서, 중국공산당은 공산당 내의 조선인들을 다루는 데 있어 문제에 봉착했다. 1936년 이전 코민테른은 조선인 공산주의자들의 지나친 민족주의를 비판했지만, 전쟁 후에 코민테른은 노선을 수정하여 ‘통일 전선united front’의 이상을 내세웠다. 중국공산당은 코민테른의 노선을 따랐고, 이는 한반도 정책도 마찬가지였다. 1936년 이전 조선

---

37) Odd Arne Westad, *Cold War and Revolution: Soviet-American Rivalry and the Origins of the Chinese Civil War, 1944-1946*(New York: Columbia University Press, 1993).

인 공산주의자들은 그들의 나라가 고대부터 하나의 민족을 이루고 있다고 주장하자 비판을 받았었다. 이제 조선인 공산주의자들은 투쟁이 사회혁명이 아니라 민족 해방을 위한 것임을 이해하지 못했기에 비판을 받았다. 코민테른의 노선 전환이 중국공산당원이던 조선인 공산주의자들, 소련공산당에 가입했던 조선인 공산주의자들 간의 파벌 투쟁을 격화시킨 것은 당연하다. 비록 많은 조선인이 북중국에서 중국공산당 유격대와 함께 투쟁했으나, 중국인 공산주의자들은 한반도까지 작전을 확대할 계획이 없었다. 홍군 내의 조선인 공산주의자들은 중국의 해방 뒤에 조국의 해방을 이룰 수 있다는 말을 들었다. 마찬가지로 소련 내의 조선인 공산주의자들 역시 붉은 군대를 위해 먼저 복무해야 한다는 말을 들었다.

1945년 8월 미국이 일본의 도시를 원자폭탄으로 공격하자, 스탈린은 이제 전쟁이 끝나가고 있으며, 이때야말로 소련이 전리품을 얻을 시기라 결론 내렸다. 소련이 만주에서 소련의 우월적 지위를 보장하는 협약을 중국국민당과 협상할 동안, 스탈린은 한반도를 향한 중국국민당의 입장을 물었다.

> 스탈린: 한반도가 독립해야 합니까? 아니면 다른 계획이 있습니까?
> 쑹쯔원宋子文 중화민국 외교부장: 저는 현재의 한반도가 독립할 수 없다고
>   생각합니다.
> 스탈린: 하지만 장기적으로 본다면…
> 쑹쯔원: 독립해야겠지요.
> 스탈린: 중국은 한반도를 병합할 의사가 있습니까?

쑹쯔원: 전혀 없습니다. 사람이 다르고 역사가 다릅니다.

스탈린: 하지만 한반도는 중국의 일부가 아니었습니까?

쑹쯔원: 맞습니다. 하지만 우리는 한반도를 원하지 않습니다.[38]

8월 9일 스탈린이 여전히 중화민국 정부와 협상하고 있는 동안, 붉은 군대는 만주와 한반도의 일본군을 향해 공격을 개시했다. 지나치게 넓은 영역에 산개되어 있었고, 무장 수준이 빈약했던 일본군은 빠르게 패주했다. 일본이 항복한 지 9일 후인 8월 24일 소련은 평양에 도착했다. 소련은 이미 미국과 작전 구역을 합의하여 38선을 한반도의 분단선으로 설정했다. 분단은 임시적인 조치였으나, 승전국은 일본 붕괴 이후 한반도에서 일어날 일을 두고 아무런 합의도 하지 못한 채 '신탁통치'에 대한 막연한 구상만 하고 있을 따름이었다.

중국과 한반도 모두에게 소련의 참전과 일본의 항복은 치열한 권력 투쟁으로 이어졌다. 중국국민당은 만주로 먼저 병력을 보내고 싶어 했지만, 도시 지역을 제외하곤 중국공산당 세력이 만주 지역을 장악하고 있었다. 이는 중국공산당이 북중국에 있는 그들의 근거지를 통해 만주를 진입하기가 더 쉬웠기 때문이다. 소련은 전쟁이 끝나자 중국국민당과의 협상을 통해 그들이 원하는 것을 얻어냈고, 중국공산당에 중국국민당과 협상할 것을 명령했다. 마오쩌둥은 소련의 구상을 탐탁지 않게 생각했으나 이에 따를 수밖에 없었다. 미국 역시 장제스에게 협상을 요구했고 중국의 내전

---

38) "쑹쯔원과 스탈린의 대화록(1945년 7월 2일)," Cold War International History Program Digital Archive, Woodrow Wilson Center, http://digitalarchive.wilsoncenter.org/document/122505.

을 피하기를 권했다. 중국국민당과 공산당 모두 권력 투쟁에 몰두했기에 한반도나 다른 지역을 신경 쓸 겨를이 거의 없었다.

당연히도 망명 중이던 조선인 지도자들은 고국으로 돌아가고 싶어했다. 그러나 중국, 미국, 소련 모두 초기에 그들을 한반도로 돌려보내는 데 열성적이지 않았다. 중국은 수송력이 중국에서 사용되기를 원했으며 한반도를 점령한 미국과 소련은 조선인 지도자들이 돌아오기 전에 그들의 질서를 세우고 싶어했다. 김구가 이끄는 대한민국 임시정부는 1945년 11월까지 중국에 머무를 수밖에 없었다. 미국에서 이승만은 얄타 회담에서 미국이 한반도를 소련에 비밀리에 넘기려 했다고 주장했기에 국무부는 이승만을 불신했다. 이승만의 귀국을 늦추고자 했으나, 이에 굴하지 않은 이승만은 10월 중순 서울로 돌아왔고, 미국 전략정보처OSS와 미 군정의 지지를 얻었다. 38선 이북에서는 소련이 8월 무렵 김일성을 귀국시켰다. 이는 김일성이 붉은 군대 출신의 장교로 소련의 정책 실행을 도우리라는 판단 때문이었다.

만주에서 중국공산당과 중국국민당은 그 지역에 거주하고 있던 조선인을 두고 상반된 정책을 채택했다. 중국공산당은 조선인 당 간부를 통해 만약 조선인이 머무르기를 원한다면 그들을 보호하겠다고 말했으며 이를 통해 조선인의 지지를 얻었다. 초기에 중국국민당은 조선인을 일본이 파견한 식민주의자로 인식했다. 많은 수의 중국공산당 내의 조선인 지도자가 1945년 가을 북한 지역으로 갔으나, 대부분의 조선인은 만주에서 중국공산당의 전투 요원으로 활약했다. 소련군이 철수한 이후 만주의 지배권을 둘러싸고 1946년 중반부터 국공내전이 격화되었다. 여기에서 조선인 부대의 활약은 중국공산당의 승리에 결정적인 역할을 했다. 김일성이 1946년 초 북조선 임시인민위원회 위원장으로서 활동하던 북한 지역과 만주가 인접했다는 점도 국공내전 시기 상당한 이점으로 작용했다. 소련의 묵인 아래 중국공산당군은 국민당군과의 전투 중 한반도를 넘나들 수 있었다. 그들은 무기, 보급, 의료품을 한반도 북반부에서 지원받을 수 있었다. 1946년 말에는 북한 지역의 젊은이들이 모집되어 만주에서 중국공산당과 함께 싸웠다.

한편 서울에서는 미국의 통제 시도에도 불구하고 정치적 투쟁이 격화되었다. 이승만은 무위로 돌아간 '조선인민공화국'을 박차고 나왔다. 이승만은 통일을 목표로 한 반공 단체들을 결성하면서 남한 지역을 순회했다. 그리고 그는 김구와 함께 민족통일총본부를 결성했다. 이승만은 미국이 한반도의 신탁통치를 합의했으며, 소련과 협력한다는 점을 줄곧 비판했다. 이승만이 많은 미국 지도자들과 불편한 관계에 있었지만, 미 군정은 1946년 초 이승만을 남조선대한국민대표민주의원에 참여시켰다. 미 군정은 이를 하나의 자문 기구로 보았지만, 이승만은 이를 과도정부proto-government로 인식했다. 이승만은 최대한 빠르게 서울에서 사실상de facto의 한국 정부를 수립하려고 했다. 반면 미 군정은 이승만을 제어하고, 미 군정과 협력할 수 있는 온건한 조선인 지도자를 찾고자 했다. 트루먼Truman 미국 대통령이 1947년 3월 트루먼 독트린이라는 보다 반공주의적인 정책을 표방하자, 이승만은 트루먼에게 보내는 서신을 작성했다. "공산주의에 반대하는 용기 있는 정책을 통해, 주한 미 당국에도 당신의 정책을 따르라고 지시를 내리고, 공산주의자–민족주의자의 합작과 협력 정책을 포기하도록 하십시오."[39]

냉전이 격화되면서 미국은 남한 지역에서 선거를 실시하자는 이승만의 계획을 수용하기 시작했다. 비록 이와 같은 계획이 이 나라의 분단을 의미한다는 사실을 알고 있었지만 말이다. 이승만에게 있어 현 단계에서의 통일은 권력의 확보보다는 덜 중요한 사안이었다. 이승만은 서울에 주권을 지닌 정부가 들어서면, 소련군이 한반도 북부에서 철수할 때 통일이 가능할 것이라고 믿었다. 중화민국 정부는 이에 동의했다. 김구와 다른 인사들이 남한만의 단독정부 수립에 반대하자, 서울에 있던 중화민국 대표는 김구에게 이승만과 협력할 것을 강요했다. 만약 이를 따르지 않는다면, 중화민국 정부는 김구가 중국에서 오랫동안 임시정부 지도자로 활동했지만, 그를 인정하지 않을 것이었다. 주한 중화민국 대표인 류위완劉馭萬은 김구에게 이렇게 말했다. "만약 (김구) 당신께서 공산주의를 신봉하고 가담하실 생각이라면, 제발 그렇다고 말씀하십시오. 그렇다면 우리는 정치적 적수로서 서로 헤어지고 다시는 만나지 않으면 됩니다."[40] 장제스가 조선인에게 전하고자 하는 바는 다음과 같았다. 미군은 곧 철수할 것이며, 소련의 통제에 맞서 조선인은 중화민국과 협력을 해야 한다는 것

---

39) Young Ick Lew, *The Making of the First Korean President: Syngman Rhee's Quest for Independence, 1875-1948*(Honolulu: University of Hawaii Press, 2013), p.275(옮긴이–이는 이승만이 1947년 3월 13일 트루먼 대통령에게 보낸 서신이다. https://history.state.gov/historicaldocuments/frus1947v06/d474에서 열람 가능하다).

40) "김구와 류위완의 대화록(1948년 7월 11일)," Cold War International History Program Digital Archive, Woodrow Wilson Center, http://digitalarchive.wilsoncenter.org/document/119630.

이었다.

1948년에 벌어진 일련의 세 사건이 오늘날까지 이어지는 중국과 한반도 관계를 규정했다. 남한 지역에서 진행된 1948년 5월 선거 이후, 8월에 서울에서 대한민국 정부가 수립되었고, 9월에 평양에서 조선민주주의인민공화국이 수립되었다. 그리고 북중국의 전장에서 중국국민당은 전투에서 패배했다. 연말에 이르면 만주는 중국공산당의 지배 아래 들어갔고, 중국 전역에서 중국공산당을 향한 저항은 분쇄되고 있었다. 두 개의 한반도 국가와 공산 중국이라는 전혀 새로운 동북아시아가 등장하고 있었다. 일본의 부상과 청나라의 붕괴 이후의 이 지역을 살았던 사람들에게는 이와 같은 일련의 사건은 원인과 결과의 측면에서 전혀 상상할 수 없는 일이었다. 어느 순간 갑자기 소련이 이 지역의 지배적인 강대국이 되었다. 그리고 망명 조선인 간의 이념적 분열은 서로를 숙적으로 여기는 두 경쟁국인 남북한의 출현으로 이어졌다.

두 한반도 국가는 각각의 초강대국 후원자로부터 무력을 통한 통일을 지원받고 싶어했다. 이승만(그는 논란이 있었던 선거를 치른 이후 1948년 여름 즈음 남한의 지도자가 되었다)은 다음과 같이 선언했다. "한반도의 상황은 중국과 다릅니다. 한반도에는 공산주의 문제가 없습니다. 외부 세력이 이를 만들어내지 않는다면, 민족주의자와 공산주의자 간의 내전은 발발하지 않습니다."[41] 그러나 남한에서의 상황은 그의 말과 다르게 돌아가고 있었다. 미국은 공산당이 부분적으로 관여한 파업과 저항 운동을 진압하고 있

---

41) Young Ick Lew, *The Making of the First Korean President*, p.263에서 인용(옮긴이-이는 이승만이 1945년 7월 10일 로버트 T. 올리버에게 보낸 각서의 내용이다).

었다. 제주도에서는 현지의 공산주의자와 좌익이 주도하여 대한민국을 향한 사실상의 반란이 일어났다. 이 반란은 이승만에 충성하는 병력에 의해 진압되었다. 적어도 1만 5,000명이 이 과정에서 목숨을 잃었다.

한반도 북쪽에서는 자신을 조선로동당이라고 부르기 시작한 조선인 공산주의자들이 소련의 지원을 통해 세력을 공고히 했다. 급진적이고 포괄적인 토지 개혁이 시행되어, 일본인과 친일파의 토지만이 아니라 모든 대토지를 농민에게 효과적으로 재분배했다.[42] 소련은 초기에 이북에 있던 일본의 공업 시설을 해체하여 전리품으로서 소련으로 옮기려 했으나, 1946년 가을 이 정책을 포기하고, 공장과 광산을 북한 신생 정권에 이전했다. 한반도 북쪽에서 상대적으로 많이 진행된 산업화와 토지 개혁이 낳은 초기의 성공을 통해 북한의 경제는 1948~1949년에 성장 국면으로 들어섰고, 이는 남한보다 더 빠른 속도였다. 공산 중국의 관점에서 볼 때, 북한은 소련의 지원을 받으며 아시아 사회주의 정권의 성공적인 사례가 되어가고 있었다.[43]

1949년 10월 1일 베이징에서 중화인민공화국의 건국이 선포되기 이전에, 중국 공산주의자들은 그들의 신국가와 아시아의 다른 사회주의 국가 간의 관계를 어떻게 조직할 것인지를 고민해왔다. 마오쩌둥은 소련이 전체 사회주의 진영의 중심이라 생각했다. 소련과 소련의 지도자 스탈린은 모든 공산당과 그들이 만들어낸 여러 국가의 전반적인 전략과 방향을 설

---

42) 남한도 뒤늦게 농지 개혁을 시도했다. 그 결과 농민은 토지를 보유할 수 있었다. Inhan Kim, "Land Reform in South Korea under the U.S. Military Occupation, 1945-1948," *Journal of Cold War Studies* 18, no. 2(June 2016), pp.97-129.

43) 공산 중국의 북한 지원에 대해서는 Donggil Kim, "Prelude to War? The Repatriation of Koreans from the Chinese PLA, 1949-50," *Cold War History* 12, no. 2(May 2012), pp.227-244.

정했다. 그러나 소련은 멀리 떨어져 있었고, 중국공산당의 역사가 보여주듯이 소련이 항상 아시아에서 벌어진 일련의 정세를 속속들이 알고 있는 것은 아니었다. 그런 의미에서 중국공산당은 아시아의 공산주의 활동의 중심 역할을 잘 수행할 수 있으며, 다른 국가들의 혁명을 지도하는 데 도움을 줄 수 있었다. 중국공산당의 이러한 지위를 통해서 마오쩌둥은 중국 혁명의 국제주의와 중국 중심주의라는 마오쩌둥 자신의 세계관을 양립할 수 있었다. 마오쩌둥이 인식하고 있듯이 중국은 후진적이고 약했다. 그러나 중국의 혁명 경험과 소련의 도움을 받을 수 있다면, 중국은 현대적인 공산주의 국가로 빠르게 변모될 수 있을 것이었다. 새롭게 수립된 중화인민공화국은 혁명을 수행하고자 하는 다른 국가들, 특히 제국주의의 희생자가 된 한반도와 베트남과 같은 중국의 인접 국가를 도와야 할 의무가 있다고 여겼다.

그러나 중국공산당 지도부는 우선 나라 안부터 정리를 해야 했다. 중국공산당의 중국 정복은 1949년 말부터 1950년 초반까지 천천히 이루어졌다. 신장, 티베트, 중국 남서부가 중화인민공화국의 지배 아래 들어왔다. 장제스 정부가 피난을 떠난 대만은 인민해방군에 수륙양용 작전 능력이 없었기 때문에 일시적으로 점령이 연기되었다. 마오쩌둥이 중화인민공화국 선포 직후 스탈린을 만나러 모스크바에 갔을 때(이는 마오쩌둥 최초의 외국 방문이었다), 중국의 주된 초점은 중국을 통일할 수 있는 군사적 지원을 얻어내고, 중국을 제국주의의 공격에서 방어할 수 있을 장기간의 안보 동맹과 발전 원조 등을 확보하는 것이었다. 마오쩌둥은 프랑스와 맞서 싸우는 베트남 공산주의자들을 물질적으로 지원하고 훈련을 도와주고 싶어 했다. 왜냐하면, 베트남의 전투가 매우 치열하게 전개되고 있었기 때문이다. 그러나 중국공산당이 볼 때 한반도의 통일은 좀 더 시간이 지난 후에 이루어져야 했다. 이미 마오쩌둥은 1949년 5월 김일성의 특사로 중국을 방문한 김일金—에게 다음과 같이 말했다. "1950년 초에 국제적 상황이 조선 동지들에게 유리한 상황으로 바뀔 때만 남조선을 향한 공격이 가능할 것입니다." 마오쩌둥은 스탈린 앞에서는 더 직설적이었다. "중국은 전쟁 전戰前 수준의 경제를 회복하고 전국을 안정시키기 위해서, 3~5년간의 평화가 필요합니다."[44]

1940년대 후반, 대부분의 한국인에게 그들 나라의 장기적인 분단은 상상하기 어려운 일이었다. 한반도는 한 세대 이상 일본의 지배로 고통을 받았다. 온 나라에 민족주의가 넘실거리고 있었다. 이제 한반도는 다른 현대 국가들 사이에서 그 자리를 차지할 것이었다. 그러나 한반도가 어떤 나라가 될 것인가를 둘러싸고 한반도는 분열되었다. 민족주의자의 두 조류였던 이승만을 따르는 전통주의자traditionalists와 김일성을 따르는 공산주의자communists의 타협은 거의 불가능했다. 분단을 막고자 했던 사람들은 위험한 상황에 내몰렸다. 김구는 1949년 6월 암살되었다. 남북 간의 협상을 촉구했던 남한 내의 수천 명의 사람이 죽거나 투옥되고, 대한민국 군대와 공산 게릴라 간의 싸움에서도 희생자가 발생했다. 북쪽에서는 지주,

---

44) Donggil Kim, "New Insights into Mao's Initial Strategic Consideration Towards the Korean War Intervention," *Cold War History* 16, no. 3(2016), pp.242–243(옮긴이—앞의 인용문은 1949년 5월 18일 코발료프가 스탈린에게 보낸 전보에 묘사된 내용이다. 뒤의 인용문은 1949년 12월 16일 스탈린과 마오쩌둥의 회담 기록이다. 이는 각각 https://digitalarchive.wilsoncenter.org/document/114898.pdf 와 https://digitalarchive.wilsoncenter.org/document/111240.pdf 에서 영문 번역본을 확인할 수 있다).

기업인 그리고 종교 지도자 들이 체포되거나 처형되었다. 공산주의를 두려워하고, 또 종교적 박해를 피하고자 약 150만 명의 사람이 남쪽으로 도망쳤다.[45] 이승만과 김일성은 한반도를 통일할 수 있도록 그들의 초강대국 후원자들에게 더 많은 무기 지원을 호소했다. 그러나 미국과 소련 모두 한반도의 내전이 무르익어가고 있다고 생각했으나, 그들은 이와 같은 전쟁에서 역할을 하는 데 큰 열의가 없었다. 1949년 여름 두 강대국은, 한반도의 두 정권이 공격을 준비하고 있다는 첩보를 받았지만 이를 무시하고 자국 병력의 대부분을 한반도에서 철수시켰다.

이승만은 미군의 철수와 국군의 급속한 증강이 남북한 간의 세력균형 양상을 곧 바꾸리라 희망했다. 이승만은 북측을 향한 즉각적인 총공세에 나설 구체적인 계획은 없었지만, 시간이 자신의 편이라 굳게 믿었다. 이는 평양의 북한 지도부와 소련 자문단에 매우 중대한 상황이 아닐 수 없었다. 김일성은 남한을 향한 공세에 스탈린의 지원을 지속적으로 호소했다. 김일성은 현재는 북한의 전력이 우세하지만, 향후 남한의 게릴라들이 진압되고, 남한이 미국의 지원을 받아 경제·군사적으로 회복되면 향후의 세력균형은 불리해질 수도 있다고 주장했다. 처음에 스탈린은 당시 진행되고 있던 중국의 국공내전을 이유로 김일성의 요청을 거절했다. 그러나 1950년 1월 스탈린은 마음을 바꾸었다. 이는 중국공산당의 군사적 승리와 유럽과 일본 등지에서의 서방의 도발에 보복하고 싶어 했기 때문이다. 소련의 지도자는 한반도의 무력통일을 돕겠다고 암시했다. 그러나 중국

---

45) 2019년 10월 스탠포드대학교의 문유미(Yumi Moon) 교수를 통해 얻은 정보이다. 문유미 교수는 이 주제와 관련된 논문을 준비하고 있다.

공산당이 한반도의 무력통일을 기꺼이 지지할 때에만 가능하다는 단서를 달았다.

스탈린의 승인을 얻어낸 김일성은 1950년 5월 베이징으로 가서 중국의 지원을 문의했다. 마오쩌둥은 아주 많은 이유로 김일성의 제안을 거절하기 어려웠다. 거절은 스탈린의 결정에 대한 도전을 의미했다. 그리고 이는 중국공산당이 중국을 무력으로 통일할 때 북한이 도와준 사실을 망각하는 것이기도 했다. 그러나 아마도 제일 중요했던 것은 만약 중국이 김일성의 제안을 거절한다면 이는 공산당의 신중국이 일본의 부상 이후 깨어져 나간 중국-한반도의 긴밀한 관계를 재확립할 의도가 없다는 신호로 읽힐지도 몰랐다. 조선민주주의인민공화국이 중화인민공화국보다 먼저 수립되었지만, 중국 지도자는 북조선 공산주의자들을 '동생'이라고 지칭했다. 형제적 질서를 온전히 유지하기 위해 중국은 김일성의 계획에 동조하고, 이를 거부할 수 없었다. 비록 마오쩌둥은 김일성이 원했던 한반도 무력통일 작전에 대한 중국의 실질적인 지원은 제한된 수준에서 이루어질 것이라고 밝혔지만, 김일성은 그가 원하던 바를 얻어냈다. 김일성은 소련과 중국에 군사적 승리 이후에 통일이 신속히 이루어져서, 미국이 군사적으로 개입할 시간이 없을 것이라 약속했다.

한국전쟁

1950년 늦봄과 초여름 내내 북한군과 소련군 자문단은 남침을 준비했다. 중국공산당은 이와 관련된 정보를 받았으나, 세세한 내용까지는 알고 있지 못했다. 38선을 넘는 공세는 1950년 6월 25일 새벽에 시작되었다. 서울은 6월 28일 함락되었다. 며칠 후 남한군은 붕괴하였고, 북한의 공세는 매우 빠른 속도로 이루어졌다. 양측은 기회가 될 때마다 그들의 정적政敵을 즉결 처형했다. 7월 중순까지 김일성은 전쟁이 몇 주 안에 끝날 것이라고 믿었다. 이를 두고 중국은 의구심을 품었다. 중국은 소련 동지들의 판단을 믿고 싶었지만, 중국은 김일성이 허세를 부리고 있다고 보았고, 미국의 개입(과 일본의 지원)을 경계했다.[46]

---

46) 한국전쟁을 바라보는 다양한 시각에 대해서 Bruce Cumings, *The Korean War: A History*(New York: Modern Library, 2011)(브루스 커밍스, 조행복 옮김, 『브루스 커밍스의 한국전쟁: 전쟁의 기억과 분단의 미래』, 현실문화, 2017); Haruki Wada, *The Korean War: An International History*(Lanham, MD: Rowman & Littlefield, 2014); William Stueck, *Rethinking the Korean War: A New Diplomatic and Strategic History*(Princeton: Princeton University Press, 2004)(윌리엄 스툭, 서은경 옮김, 『한국전쟁과 미국 외교정책』, 나남, 2005). 좀 더 폭넓은 조망에 대해서는 Hajimu Masuda, *Cold War Crucible: The Korean Conflict and the Postwar World*(Cambridge: Harvard University Press, 2015). 중국의 한국전쟁 참전의 원인에 대해서는 첸지안(Chen Jian)의 고전적 연구인 *China's Road to the Korean War: The Making of the Sino-American Confrontation*(New York: Columbia University Press, 1994); Niu Jun, "The Birth of the People's Republic of China and the Road to the Korean War," Melvyn P. Leffler and Odd Arne Westad, eds., *The Cambridge History of the Cold War*, vol. 1(Cambridge: Cambridge University Press, 2010), pp.221-243. 중국에서 활동하고 있는 션즈화(Shen Zhihua, 沈志華)와 김동길은 중국의 한국전쟁과 관련된 여러 연구를 최근 작업하고 있다. 션즈화의 연구는 *A Misunderstood Friendship: Mao Zedong, Kim Il-Sung, and Sino-North Korean Relations, 1949-1976*(New York: Columbia University Press, 2018); Shen Zhihua, "China and the Dispatch of the Soviet Air Force: The Formation of the Chinese-Soviet-Korean Alliance in the Early Stage of the Korean War," *Journal of Strategic Studies* 33, no. 2(2010), pp.211-230; 『毛澤東, 斯大林與朝鮮戰爭』(廣州: 廣東人民出版社, 2007)(션즈화, 최만원 옮김, 『마오쩌둥과 스탈린과 조선전쟁』, 선인, 2010); 김동길의 연구는 Donggil Kim, "China's Intervention in the Korean War Revisited," *Diplomatic History* 40, no. 5(November 1, 2016), pp.1002-1026

결론부터 말한다면 처음에는 김일성의 말이 사실인 듯 보였다. 8월 하순까지 대한민국 국군과 미군 자문단은 부산 주변의 작은 지역에 포위되어 있었다. 이들은 지속적인 포격을 받으며 보급도 부족한 상태였다. 그러나 북한군 역시 물자와 보급이 부족한 상태였다. 북한군은 부산을 향해 마지막 총공세를 펴기 전에 잠시 대기했다. 한반도 전역에서 북한군은 적을 색출하고, 또 북쪽에서 행한 것과 유사한 형태의 정치 조직을 설립하느라 분주했다. 중국 지도부는 만약 김일성의 예측이 실패할 경우를 대비하여 부대를 국경 지대로 이동시키기 시작했다. 중국군 부대의 이동은 또한 중국공산당도 필요하다면 공산주의의 목표를 도울 수 있는 국제주의 정당이라는 점을 소련 측에 보여주기 위함이기도 했다.

해리 트루먼 대통령이 이끌던 미국 행정부는 처음부터 한반도에서 미국이 반격을 해야 한다고 생각했다. 트루먼에게 한국전쟁은 무엇보다도 소련과의 냉전을 뜻했다. 공산주의자들이 중국을 차지하도록 내버려두었다는 이유로 미국 국내에서 비판을 받고 있던 트루먼은 소련의 사주를 받은 또 다른 공산당의 공세에 강하게 대응할 수밖에 없었다. 미국의 개입 계획은 즉시 시작되었고, 이와 같은 계획은 일본에 미군이 주둔하고 있었기에 좀 더 용이하게 이루어졌다. 9월 15일 더글라스 맥아더Douglas MacArthur 장군이 이끄는 부대가 서울 근처 인천에 상륙했다. 며칠 내에 미군은 한반도의 허리를 돌파했고, 남쪽 전선에 몰려 있던 대다수의 인민군을 궁지로 몰아넣었다. 미군은 38선을 넘어 북쪽으로 진격했다. 10월 19

그리고 Donggil Kim, "New Insights into Mao's Initial Strategic Consideration Towards the Korean War Intervention," *Cold War History* 16, no. 3(2016), pp.239−254.

일 평양이 함락되고, 10월 26일 국군은 중국–한반도 국경 동쪽 부근에 도달했다. 공세의 신속성은 미군의 압도적인 공군력 덕분이었다. 공군력을 통해 북한의 방어 체계는 무력화되고, 적의 배후로 낙하산 부대가 투하될 수 있었다.

이제 중국공산당 정부는 결정을 내려야 했다. 중국군이 이미 한반도 북동쪽에 배치되어, 한반도로 진입할 준비를 하고 있었다. 그러나 중국 지도부는 미국이 이끄는 공세의 위력과 그 신속함, 그리고 소련이 국제연합 안전보장이사회에 출석을 거부했기 때문에 트루먼이 미국의 공세를 국제연합의 이름으로 수행할 수 있으며, 다른 나라의 지원을 요청할 수 있다는 사실 역시 잘 알고 있었다. 막 건국된 신중국은 세계를 상대로 싸울 수는 없었다. 일부 중국공산당 지도자들은 중국의 재건에 미칠 수 있는 피해를 이유로 한반도 개입에 반대했다. 그러나 다른 이들은 중국 국경에 외국 군대가 주둔하게 되면, 이는 신중국 정권에 실존적인 위협이 될 것이라고 주장했다. 과거와 마찬가지로 한반도는 중국으로의 관문entry point이었다. 국공내전 당시 중국국민당을 지원했던 미국은 중화인민공화국의 적이었고, 한반도에서 공산주의자가 패배한다면 이를 이용하여 일본, 그리고 국민당 잔존 세력이 공산 중국을 압박할 것이 분명했다.

1950년 당시 중국공산당의 명실상부한 지도자였던 마오쩌둥에게 이념과 역사, 안보는 모두 중요한 문제였다. 마오쩌둥은 다른 동료들보다 사회주의 진영 내의 이념적 유대에 역점을 두었다. 중국공산당은 조선(북한)의 동지들을 도울 의무가 있었다. 게다가 조선의 동지들은 과거에 중국

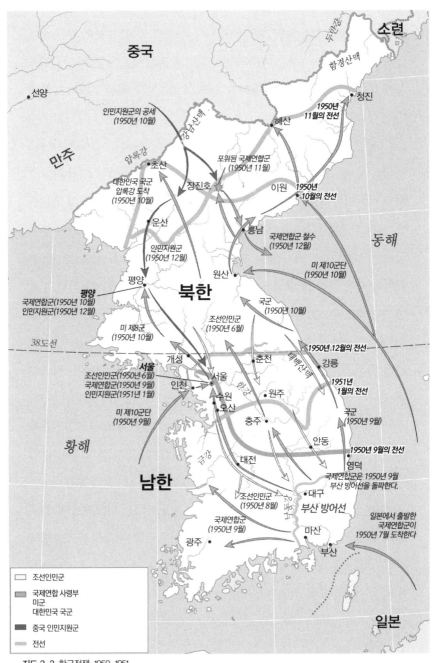

중국

소련

두만강

함경산맥

선양

청진

인민지원군의 공세
(1950년 10월)

혜산

1950년
11월의 전선

강남산맥

만주

압록강

초산

포위된 국제연합군
(1950년 11월)

이원

1950년
10월의 전선

대한민국 국군
압록강 도착
(1950년 10월)

장진호

운산

흥남

국제연합군 철수
(1950년 12월)

동해

인민지원군
(1950년 12월)

원산

미 제10군단
(1950년 10월)

평양

북한

국군
(1950년 10월)

평양
국제연합군(1950년 10월)
인민지원군(1950년 12월)

조선인민군
(1950년 6월)

미 제8군
(1950년 10월)

38도선

1950년 12월의 전선

개성

춘천

강릉

서울
조선인민군(1950년 6월)
국제연합군(1950년 9월)
인민지원군(1951년 1월)

서울

태백산맥

1951년
1월의 전선

인천

한강

원주

국군
(1950년 9월)

미 제10군단
(1950년 9월)

수원
오산

충주

안동

1950년 9월의 전선

황해

대전

영덕

국제연합군은 1950년 9월
부산 방어선을 돌파한다.

남한

금강

조선인민군
(1950년 8월)

낙동강

대구

부산 방어선

일본에서 출발한
국제연합군이
1950년 7월 도착한다

국제연합군
(1950년 9월)

마산

광주

부산

일본

조선인민군

국제연합 사령부
미군
대한민국 국군

중국 인민지원군

전선

지도 2-2. 한국전쟁, 1950-1951

공산당을 도왔고, 조선과 중국은 매우 밀접한 관계에 있는 나라였다. 그리고 10월 1일 스탈린은 마오쩌둥에게 적어도 5, 6개 사단을 38선을 향해 이동시켜달라고 개인적으로 요청하기도 했다. 마오쩌둥은 스탈린의 요청이 공산주의라는 대의를 위해 자신과 중국공산당이 어디까지 헌신할 수 있는지를 시험하기 위한 것임을 알아차렸다. 그런데도 중국 지도부는 명령을 내리는 것을 망설였다. 10월 2일 정치국 회의가 열렸고 여기에서는 개입에 반대하는 목소리가 더 컸다. 마오쩌둥이 마침내 개입을 결정하기까지 정치국, 그리고 소련과 거의 2주간의 논의가 필요했다. 중국공산당이 '중국인민지원군中國人民志願軍'이라 이름 붙인 중국군이 10월 19일부터 압록강을 건너 한반도로 들어왔다.

10월 25일 중국군은 한반도 북반부의 넓은 전선에서 공세를 시작했다. 이 공세의 규모는 미군과 국군에게 큰 충격이었고, 이들은 큰 손실을 본 채 후퇴할 수밖에 없었다. 12월 초 평양이, 서울이 1951년 1월 다시 함락되었다. 그러나 봄 무렵에 중국군과 인민군은 서울 북쪽으로 퇴각했다. 이는 미군의 재결집과 가공할 만한 공중 폭격 때문이었다. 태평양전쟁 전체 기간에 쓰인 양보다 더 많은 폭탄이 북한 지역에 투하되었다. 1951년 여름 지상 작전이 교착 상태에 빠졌다는 것이 더 분명해졌고, 전선은 북한의 공격 이전의 38도 분단선과 거의 비슷한 모양으로 형성되었다. 강대국은 물론이고, 남북한 모두 휴전에 동의하지 않았기 때문에 전쟁은 2년이라는 무익한 시간을 소비했다. 협상에 반대하던 스탈린이 갑작스럽게 사망하자, 1953년 7월 비로소 전쟁이 끝났다. 한반도 인구의 약 13퍼센트에 해당하는 250만 명 이상의 사람이 죽거나, 상해를 입었다.

20세기에 한반도가 겪은 모든 재난 중 한국전쟁이야말로 단연코 최악의 재난이었다. 파괴적인 측면에서 본다면, 이는 16세기 후반 임진왜란과 비교될 수 있을 것이다. 한반도의 거의 모든 도시와 마을이 파괴되었다. 격렬한 전투 중 네 번이나 점령자가 바뀌었던 서울에는 수천 명의 사람이 잔해 속에서 살고 있었다. 기자들은 겨우겨우 서 있는 두 개의 기둥 사이에 방수포를 친 조잡한 거처에 살면서 먹거리를 찾아 헤매는 남한인 가족의 모습을 기록했다. 북쪽에는 폭탄과 소이탄, 네이팜탄과 같은 미국의 폭격이 도시 지역뿐만 아니라, 시골 지역을 파괴했다. 적어도 500만 명의 한반도인이 그들 자신의 도시나 고향에서 피난을 떠날 수밖에 없었고, 수백만 명의 한반도인이 그들 자신의 나라에서 난민으로 살아가고 있었다. 또 거의 200만 명의 고아가 있었다. 남북한 양측은 모두 정상적인 사회로 존립하지 못했다.

한국전쟁의 결과로 한반도는 여전히 분열된 상태로 남았다. 북쪽에서는 김일성이 전쟁을 수행하면서 저지른 치명적인 실책에도 불구하고 권좌로 복귀했다. 소련은 김일성을 보호했고, 전투 대부분을 담당했던 중국은 김일성을 대신할 만한 그들만의 후보가 없었다. 남쪽에서도 미국의 여러 의구심에도 불구하고 이승만은 살아남았다. 신임 미국 대통령 드와이트 아이젠하워Dwight D. Eisenhower에 따르면 이승만에 대한 미국의 정책은 "우리는 여전히 너를 사랑한다, 이 개자식아"로 요약되었다.[47] 심리적으

---

47) "제193차 국가안전보장회의 회의록(1954년 4월 13일)," *Foreign Relations of the United States, 1952-1954. Korea*, Volume XV, Part 2, p.1787(옮긴이-국사편찬위원회에서 번역본을 확인할 수 있다. http://db.history.go.kr/id/frus_009r_0030_0120).

로 한국전쟁은 한반도의 분열을 공고히 하는 데 큰 역할을 했다. 북쪽 사람들은 남쪽의 배신자들 때문에 그들에게 끔찍한 일이 일어났다고 느꼈다. 남쪽 사람들은 북한의 공격과 북한인들이 데려온 중국인들 때문에 목숨을 잃은 친척과 친구 들을 애도했다. 남북한 간의 전쟁에서 벌어진 격렬함과 잔인함을 고려할 때, 국제정치적 상황이 통일에 우호적이었더라도 이 나라가 다시 하나가 되기는 쉽지 않았을 것이다.

한국전쟁은 중국에도 재앙이었다. 중국군은 80만 명의 군 사상자를 냈고, 이는 다른 국가에 비해서도 압도적인 수치였다. 그리고 중국이 절실히 필요로 했던 국내의 발전은 몇 년 뒤로 미루어졌다. 그리고 한국전쟁은 중국공산당의 정책을 급진화했고, 실제의 적 혹은 적이라고 생각된 대상을 향한 정치 사업이 활발히 진행되었으며, 정치 사업은 점점 더 급진화되고, 장기간 지속되었다. 미국이 대만의 장제스 정권을 지키는 방향으로 움직이자, 중국의 통일은 물 건너갔다. 몇몇 중국인은 한국전쟁이 실제로는 중국에 이득이 되는 전쟁이 아니었다고 생각했다. 한국전쟁은 중국의 이익을 전혀 고려하지 않은 젊은 조선인 지도자가 스탈린의 격려 아래 벌인 일이었다. 그리고 많은 중국인 지도자의 시선에서 볼 때, 한반도를 방어하기 위한 푸닥거리를 하고 비용을 치른 것은 바로 중국이었다.

몇몇 중국인이 전쟁의 결과에 대해 우려했지만, 마오쩌둥은 그들과는 의견을 달리했다. 마오쩌둥에게 한국전쟁은 중국의 개조라는 더 큰 사업의 일부였다. 지난 100년간 중국은 모든 전쟁에서 패배했지만, 이제 중국은 지구상에서 가장 강력한 국가에 맞서 교착 상태를 이끌어냈다. 그리고 마오쩌둥에게 전쟁은 또 다른 이점도 있었다. 한국전쟁을 통해 소련-중국의 안보 동맹이 강화되고, 소련은 중국이 사회주의 강국이라 확신했다. 소련과의 안보 동맹을 통해 중국은 북동쪽의 국경에서 안보를 확보할 수 있었다. 그리고 이를 통해 중국공산당은 중국 사회를 변화하기 위한 더 전면적인 접근을 취할 수 있었다. 이는 마오쩌둥이 가장 먼저 공감을 표했던 접근 방식이었다. 대만을 수복하지 못한 일은 마음에 남아있지만, 이는 잠정적인 것으로 여겨졌고, 한국전쟁 기간 중국이 얻어낸 업적에 비하면 작은 손실에 불과하다고 마오쩌둥은 보고 있었다.

중국 지휘관들은 그들이 처음 전선에 도착했을 때 북한 인민군의 처참한 붕괴에 충격을 받았다. 그러나 중국군과 인민군의 실질적인 협력은 전쟁 기간에 상당히 잘 이루어졌다. 대부분의 설명에 따르면 중국 공산주의자들이 한반도에 들어온 그 어떤 외국 군대보다 민간인을 잘 대우해주었다. 그러나 북한 장교들은 동맹군인 중국군의 고압적인 태도에 분개했다. 김일성은 산전수전을 겪은 중국군 장군들이 자신을 아이처럼 다루는 데 분노했다. 그런데도 관계는 유지되었다. 북한인은 그들이 중국군의 군사력에 의존하고 있다는 사실을 잘 알고 있었고, 마오쩌둥은 말치레일지라도 한국전쟁이 끝날 때까지 한반도의 통일이라는 전략적 목표에는 공감을 표했다. 1951년 봄 이후, 중국군 지휘관들이 향후의 공세의 가능성이 별로 없다고 보고했을 때, 마오쩌둥은 그들에게 "한반도 문제를 해결하기 위해서는 치열한 투쟁을 거치고, 적을 전부 박멸하거나, 최소한 괴뢰군을 거의 무너뜨리고, 적어도 4~5만 명의 미군과 영국군을 박멸해야 한다는 점을 이해해야 한다"라고 말했다.[48] 자력갱생에 대한 이데올로기적 강조에도 불구하고 북한 공산주의자들은 중국의 원조가 없었다면 그들의 생존이 어려웠을 것이라는 점을 잘 알고 있었다.

한국전쟁은 남은 20세기의 중국−한반도 관계의 틀을 형성했다. 그리고 일부 틀은 21세기에도 작동하고 있다. 북한은 소련과 밀접한 관계를 유지했지만, 전략적으로 중국의 지원에 의존했다. 남한은 미국에 의존했다. 이승만이 미국의 조언과 통제에 맞섰지만, 그 역시 아시아에 있어 미국의 가장 친한 친구로 보였다. 북한은 외교적으로 공산주의 국가들의 승인을 얻었고, 남한은 주요 서방 국가들의 승인을 받았다. 중국은 남한과 외교적 접촉이 없었고, 많은 중국인의 마음속에서 북한이 진짜 한반도 국가이자, '그들'의 한반도 국가였다. 한반도인의 경쟁은 그들의 국호에도 영향을 미쳤다. 북한은 자신을 스스로 조선민주주의인민공화국이라고 불렀고, 남한은 대한민국이라고 불렀다. 그렇기에 중국어에서 북한은 '조선朝鮮', 남한은 '한국韓國'이 되었다.

이름은 중요하지만, 아마도 가난과 기아의 극복보다는 덜 중요할 것이다. 전쟁 후 남북한의 재건은 고된 일이었다. 한국전쟁은 온 나라를 폐허로 만들었고, 사람들은 궁핍해졌다. 특히 처음에 남한의 발전 속도는 더뎠다. 국가가 경제 전반을 운영했던 북한에게 사회주의 국가들의 원조는 북한의 발전 계획에 유용하게 사용될 수 있었다. 여러 면에서 북한의 재건은 공산권의 공동 사업이었고, 여기에서 소련의 지분이 제일 컸다. 남

---

48) Xiaobing Li, *China's Battle for Korea: The 1951 Spring Offensive*(Bloomington: Indiana University Press, 2014), pp.54−55.

한 역시 외국의 많은 원조를 받았고, 그중에서 미국은 가장 중요한 대외원조국이었다. 그러나 계속되는 정치적 긴장과 경제적 통합과 조정의 부재로 1960년대 초반까지 남한의 경제성장률은 높지 않았다. 그러나 남한의 농지 개혁은 빈곤 해소에 도움을 주었고, 많은 수의 자작농이 등장했다. 이를 통해 식량의 공급이 늘어나고, 결국 저축을 통해 자본을 축적하는 데 이바지했다.

북한의 정치적 환경이 전적으로 장밋빛은 아니었다. 한국전쟁 이후 김일성은 자신에게 조선의 스탈린이자 마오쩌둥이라는 위상을 부여하며 권력을 집중했고, 실제의 적, 혹은 적으로 여겨진 인사들을 탄압했다. 김일성과 함께 유격대 활동을 했던 인사들이 요직을 장악했고, 중국에서 활동하거나 지하에서 활동했던 인사들이 좌천되었다. 1956년 소련의 새 지도자 니키타 흐루쇼프Nikita Khrushchev가 탈스탈린화에 착수했을 때, 중국과 소련의 정치적 조언 사이에서 김일성이 추구하던 숙청은 위기를 맞이했다. 흐루쇼프는 김일성을 모스크바에 초청했고, 6주간 김일성은 그의 완고한 정치 노선을 두고 비판을 받았다. 평양에서 김일성의 정치적 경쟁자들은 김일성이 귀국하면 그를 권좌에서 축출할 준비를 했다. 소련에 노선의 개선을 약속한 후 북한으로 돌아온 김일성은 정치적 경쟁자들을 물리쳤다. 적어도 사적인 차원에서는 김일성에게 따뜻한 태도를 보인 적이 없었던 중국 지도부는 소련 대표단과 함께 김일성이 정치적 경쟁자와 타협을 하는 상황을 참관하는 대표를 보내는 데 동의했다. 그리고 그 대표로 한국전쟁 당시 중국인민지원군 사령관이던 펑더화이彭德懷를 평양으로 파견했다. 그러나 대표단이 떠나자 김일성에게 반대했던 이들은 투옥되거나 더 나쁜 상황에 놓였다. 1957년 김일성은 측근을 제외한 모든 조선로동당 지도자들을 상대로 한 대대적인 숙청을 감행했다. 수천 명이 처형되고, 일부는 중국이나 소련으로 도망쳤다.[49]

한편 정치적 혼란은 남한에서도 이어졌다. 국회의 의사에 반하여 이승만은 대통령 직선제를 시행하고, 선거에서 쉽사리 승리를 거두었다. 그는 대통령 임기 제한을 폐지했고, 1956년 선거에도 다시 출마할 수 있었다. 그는 대통령에 당선된 이후, 제1야당 대표를 체포했다. 진보당 대표였던 조봉암曺奉岩은 1959년 북한의 간첩이라는 누명을 쓰고 사형되었다. 1960년 3월 이승만은 명백히 조작된 선거에서 다시 대통령으로 선출되었다. 이번에는 특히 학생들을 중심으로 하는 광범위한 시위가 벌어졌다. 한 달 후 대규모 시위가 전국을 뒤흔들면서, 이승만은 서울에서 학생 시위대를 향해 발포할 것을 명령했고 180명이 사망했다. 교수와 지역 사회 지도자들이 학생들과 함께 시위를 벌이자 군은 그들에게 발포하는 일을 거부했다. 아이젠하워 행정부는 주한 미 대사관에 "자유세계의 원칙과 안보적 목표는 물론 대중의 지지를 받는 실로 민주적인 행정부"가 필요하다고 요청했다.[50] 1960년 4월 26일 이승만은 사임했고 하와이로 망명했다. 다른 그

---

49) 8월 '종파' 사건에 대한 개관에 대해서는 Balázs Szalontai, *Kim Il Sung in the Khrushchev Era: Soviet-DPRK Relations and the Roots of North Korean Despotism, 1953-1964*(Stanford: Stanford University Press, 2005); Donggil Kim and Seong-hyon Lee, "Historical Perspective on China's 'Tipping Point' with North Korea," *Asian Perspective* 42, no. 1(2018), pp.33~60; Andrei Lankov, "Kim Takes Control: The 'Great Purge' in North Korea, 1956-1960," *Korean Studies* 26, no. 1(2002), pp.87~119; Andrei Lankov, *Crisis in North Korea: The Failure of Destalinization, 1956*(Honolulu: University of Hawaii Press, 2004).

50) "국무부가 주한 미 대사관에 보낸 전문(1960년 4월 23일)," *Foreign Relations of the United States, 1958-1960, Japan; Korea*, Volume XVIII, p.637(옮긴이—국사편찬위원회에서 번역본을 확인할 수 있다).

누구보다 이승만은 현대 한국 민족주의의 설계자였다. 그러나 이승만은 일반적인 한국인은 민족의 높은 이상을 맞추기는 어렵다고 보았다. 그렇기에 한국의 전통과 열망에 부합하기 위해서 한국인에게는 강력한 지도력이 필요했다. 그러나 한국의 젊은이들은 나이든 이승만의 지도력이 더 이상 밝은 미래를 보여줄 수 없으며, 그 시효를 다했다고 생각했다.

한국전쟁 이후 중국－한반도 관계

1950년대 후반 북한은 소련 그리고 다소 발전된 동유럽의 국가와 매우 유사한 사회주의 국가로 발전해나갔다. 일본의 지배 시기 이루어진 초기 산업화로 북한의 출발점은 중국과 남한과 비교하여 매우 유리했다. 소련으로부터 배운 북한의 계획경제는 과거 한반도의 그 어떤 경제 체제보다 잘 작동하는 듯 보였다. 이데올로기적 엄격함과 국가 권력을 강조했다는 점에서 본다면 아마도 북한은 다른 이념의 조합 위에 건설된 조선이라 할 수 있었다. 김일성은 주체主體라는 개념을 주장했으며, 이는 훗날 영어로는 '자립self-reliance'으로 번역된 주체사상을 통해 김일성은 마르크스주의 철학에 독자적인 기여를 했다고 주장했다.[51] 주체사상은 부분적으로는 김일성의 개인숭배와 독재를 정당화하기 위한 것이었다. 하지만 동시에 주체사상은 국왕을 바라보는 조선식 충성 관념과 스탈린주의적 전체주

http://db.history.go.kr/id/frus_011r_0020_0220).

51) 주체사상의 주체는 마르크스의 용어인 주체(subject)를 번역한 것이다. 주체는 객관적으로 주어진 가능성의 범위 내에서 행동한다.

의 관념과 기독교와 불교의 천년왕국 신앙이 결합된 것이었다. 주체사상은 유교를 연상시키는 위계적 형태로 당과 지도자가 상위에 존재하는 통합된 민족을 내세운다. 그리고 이 민족은 독립적이고 자립적일 것이었다. 김일성은 조선 민족이 다른 사람의 장단에 맞추어 춤을 추지 않으며 자신의 힘을 믿는다면 이루지 못할 것이 없다고 말했다. 얄궂게도 북한 정권의 생존은 소련과 중국의 지원 덕분이었다. 그러나 주체사상을 통해 북한은 당의 지배와 김일성의 지위를 공고히 할 수 있었다.

김일성은 중국, 소련과 같은 공산주의 강대국과 사이가 원만하지 않았기 때문에, 1959년부터 시작된 중소 분열이 없었다면 그는 정치적으로 살아남지 못했을 것이다. 마오쩌둥은 중국의 경제와 사회를 소련식으로 개조해나가는 속도가 느리다는 사실에 자주 불만을 표했으며, 중국을 앞으로 나아가게 할 강력한 사업을 주문했다. 바로 1958년에 시작된 대약진운동이었다. 마오쩌둥은 중국을 향한 소련의 조언이 오만하고 무례하다고 생각했으며, 소련이 중국의 외교 사업을 통제하려 한다고 의심했다. 대약진 운동의 정책이 경제적 대참사로 이어지자, 마오쩌둥은 이와 같은 실패를 두고 소련과 소련 측 의견에 동조하는 중국인들이 자신을 공격하지 않을까 우려했다. 그렇기에 마오쩌둥은 흐루쇼프와 다른 소련 지도자들이 공산주의를 위해 헌신하지 않는다고 비판하는 전략을 세웠다. 1960년에 이르면 두 공산주의 대국이 충돌로 향하고 있다는 점은 분명했다.

불화가 심한 소련과 중국 사이에서, 김일성은 그 자신을 스탈린주의의 잔재로 보고 제거하려는 시도를 모면할 수 있었다. 그러나 김일성은 중소 분쟁을 통해 정반대의 도전에 직면했다. 중소 분열이 가속화되면 북한을 지켜주는 국제 공산주의가 약화될지도 몰랐다. 처음에 김일성은 사회주의 연대를 주장하면서 물꼬를 트려고 했다. 그러나 김일성은 만약 한쪽을 선택하라는 강요를 받는다면, 마오쩌둥을 스탈린주의라고 비판하는 소련의 논리가 김일성 자신에게도 위험할 수 있다는 사실을 알고 있었다. 또 한국전쟁 중 중국의 지원에 대한 감사와 아시아의 연대 의식이 김일성을 중국 측으로 기울어지게 했을 것이다. 1963년에 이르면 북한은 중국 진영에 완전히 가담한 듯 보였다. 북한은 소련이 대국 배타주의이며 "반제국주의 투쟁을 포기했다"라고 공개적으로 비판했다.[52] 마오쩌둥은 북한의 소련 비판을 북한이 마오쩌둥을 아시아 혁명의 지도자로 인정하고, 아시아 지역에서 중국의 중심성을 다시 받아들인 것으로 해석했다.

그러나 중국은 한반도 민족주의의 감수성을 잘못 판단했다. 중국이 1960년대 중반 문화대혁명 속에서 표류하자, 북한 지도부는 중국이 마오쩌둥과 중국공산당의 혁명 경험을 통해 한반도의 독자적인 혁명을 잠재우려고 한다고 느꼈다. 김일성은 문화대혁명에 대해 별로 공감하지 않았고, 이에 대한 이해가 거의 없었다. 김일성은 질서, 규제, 점진적 발전을 믿었고 중국에서 벌어지는 문화대혁명은 이와 같은 가치를 부정하고 있었다. 평양의 소련 대사관은 "조선로동당 지도부가 소위 '문화대혁명'이 '거대한 광기이자, 문화, 혁명 그 어떤 것과도 관계가 없다'고 보고 있다"

52) Lyong Choi, "The Foreign Policy of Park Chunghee: 1968- 1979"(Ph. D. Dissertation, The London School of Economics and Political Science(LSE), 2012), p.951(옮긴이-이는 「사회주의 진영을 옹호하자」, 『로동신문』 1963년 10월 28일 기사이다).

라는 보고서를 작성했다.[53] 북한 내의 화교들이 문화대혁명에 찬동하는 집회를 벌이자, 이들은 북한에서 추방되었다. "중국인의 이와 같은 행동은 프롤레타리아 국제주의 원칙과 부합하지 않으며, 이는 부르주아 민족주의 행태입니다"라고 김일성은 쿠바인들에게 말했다. "마오쩌둥은 흐루쇼프보다 두 배나 더 많은 실책을 저질렀습니다."[54]

중국이 문화대혁명으로 더 휩쓸려 들어가기 시작하면서, 중국-북한의 관계는 빠르게 악화하였다. 베이징 및 다른 중국 도시들에서 홍위병들은 김일성이 수정주의자이자, '흐루쇼프 노선'의 추종자라 비난하는 구호를 외쳤다. 북한은 주북한 중국 대사관으로 가는 길을 막는 방식으로 응수했다. 만주에서는 홍위병이 1만 명 이상의 조선족을 체포하고, 이들이 북한의 간첩이라 비난했다. 많은 조선족이 수용소에 갇혔고 몇몇은 처형되었다. 이에 더해 중국은 중국-북한 국경에 확성기를 설치하여 소련과 북한의 수정주의를 비난했다. 1968년과 1969년에 국경에서 소규모 무력 충돌이 일어나기도 했다. 북한은 공개적으로 중국을 비난하는 일은 자제했다. 하지만 중국의 행보는 조선로동당의 단결과 독립의 필요성을 강력하게 상기했다. 중국의 문화대혁명은 북한에서 김일성의 권력을 더욱 강화했다.

그러나 김일성이 무력으로 한반도를 통일하려는 생각을 완전히 포기했다는 증거는 없었다. 김일성은 베트남공산당의 통일 전쟁과 1960년대

---

53) "주북한 소련 대사관 보고서: 중국의 소위 '문화대혁명'에 대한 북한의 입장(1967년 3월 7일)," *Cold War International History Project*, https://digitalarchive.wilsoncenter.org/document/114570.

54) "주북한 헝가리 대사관이 헝가리 외교부에 보낸 보고서(1967년 3월 9일)," *Cold War International History Project*, https://digitalarchive.wilsoncenter.org/document/114578.

내내 이루어진 탈식민지화에서 영감을 얻었다. 김일성에게 있어 한반도 통일은 탈식민지화의 문제였다. 김일성은 미국이 일본의 지원을 받으면서 한반도의 남반부를 점령하고 있으며, 김일성의 정권만이 진정한 한반도 민족주의 정권이라 생각했다. 중국-소련 분쟁으로 남한을 향한 또 다른 공격이 가능하지는 않았지만, 김일성은 한반도 통일이라는 목적에 관심을 받기 위한 일련의 행동을 승인했다. 1968년 북한은 북한의 영해에 진입했다는 이유로 미 해군의 정찰선 푸에블로호를 나포했다. 비슷한 시기에 북한 특수부대가 서울에 진입하여 박정희 대통령을 살해하려고 했다. 사회주의 진영의 문제와는 상관없이 북한은 그들 자신의 통일 문제가 무시되지 않기를 원했다.

북한의 통일 계획의 가장 큰 장애물은 1960년대 남한에서 시작된 경제 발전이었다. 1960년대 초 남한에서는 군사 독재 정부가 권력을 쥐고 있었지만, 이들은 미국의 지원을 받으면서 국내 자원을 동원하고 미국의 원조를 받으면서 수출을 지향하는 경제 전략을 성공적으로 추진했다. 1970년에 이르면 남한 군사 정부의 지도자 박정희는 남한의 1인당 GDP를 거의 북한 수준으로 올리는 10년간의 성장을 지도했다. 1980년에 이르면 남한의 1인당 GDP는 북한의 2배에 이르고 1990년대에는 4배가 되었다(오늘날 남한의 1인당 GDP는 북한의 10배 이상이다). 남한의 경제 기적은 대한민국의 생존 가능성에 대한 대부분의 예상을 뒤엎었다. 심지어 남한의 동맹국들조차 남한 경제의 급속한 성장 속도에 놀랐다. 그리고 여전히 소득 분배 수준은 매우 불평등했지만, 남한의 많은 사람은 더 많은 부동산을 사들이거

나, 고등교육을 통해 경제적 성공에 줄곧 참여할 수 있었다.[55]

정치적 측면에서 박정희 시기 남한은 군사 독재였다.[56] 박정희는 일본 식민지 시절 성장했으며, 일본에서 군 장교로서 훈련을 받았다. 박정희는 제2차 세계대전 동안 만주국에서 군 복무를 하면서 일본의 지휘를 받기도 했다. 남한의 발전을 바라보는 박정희의 구상은 일본의 경험에서 배운 것이기도 했다. 박정희는 강력한 국가의 주도 아래 정부와 민간 기업이 상호 작용하면서 나라의 자원을 동원하는 급속한 공업화를 원했다. 박정희는 반공주의 정권이 한반도를 통일해야 한다고 믿은 민족주의자였으나, 공산주의 진영 내의 불화에도 불구하고 북한이 중국과 소련의 비호를 받는 이상, 냉전 시기에 한반도의 통일이 어렵다고 믿었다. 그렇기에 박정희의 우선순위는 남한의 경제 발전, 그리고 미국과의 동맹(박정희는 한국군을 베트남에 파병했다), 국내의 반발(박정희는 이를 북한의 사주를 받은 일종의 반역이라고 보았다)을 찍어누르는 것이었다. 그리고 박정희는 한국의 문화를 강조했다. 그는 공식 문서에서 한자 사용을 엄격히 제한하고 한글을 전용하도록 했다. 이는 북한이 10년 전에 시행한 정책과 유사했다.[57]

소련의 급부상에 두려움을 느낀 마오쩌둥은 1970년대 초에 미국과의

---

55) 남한의 경제 성장을 개관하기 위해서는 Young-Iob Chung, *South Korea in the Fast Lane: Economic Development and Capital Formation*(Oxford: Oxford University Press, 2007); Byung-Kook Kim and Ezra F. Vogel, eds., *The Park Chung Hee Era: The Transformation of South Korea*(Cambridge: Harvard University Press, 2011); G. Brazinsky, *Nation Building in South Korea: Koreans, Americans, and the Making of a Democracy*(Chapel Hill: University of North Carolina Press, 2007)(그렉 브라진스키, 나종남 옮김, 『대한민국 만들기, 1945~1987: 경제 성장과 민주화, 그리고 미국』, 책과함께, 2011).

56) 박정희의 배경에 대해서는 카터 에커트의 뛰어난 평전이 있다. Carter J. Eckert, *Park Chung Hee and Modern Korea: The Roots of Militarism 1866-1945*(Cambridge: Harvard University Press, 2016).

57) 이에 대해서는 Byung-Kook Kim and Ezra F. Vogel, eds., *The Park Chung Hee Era*.

타협을 모색했다. 미국 대통령 리처드 닉슨Richard Nixon이 1972년 베이징을 방문한 이후, 북한은 중국과의 연계를 포기하지 않은 채, 소련과의 접근을 감행했다. 김일성은 1970년대와 1980년대 내내 소련과 중국을 상대로 북한의 이익을 얻어내기 위한 치밀한 외교활동을 벌였다. 그러면서 정권의 안전을 보장받고, 김일성은 침체하기 시작한 북한 경제에 활력을 불어넣기 위한 자금과 기술 지원을 얻어내고자 했다. 김일성은 초강대국 간의 데탕트를 활용하여, 남북한의 국제연합UN 동시 가입을 이루어내고 전 세계의 여러 나라를 상대로 수교 활동을 벌였다. 특히 제3세계 신생국과 관계를 맺기 위해 노력했다. 김일성은 안보, 공학, 의약, 경제와 관련된 북한 전문가들을 제3세계 신생국에 파견했다. 아프리카의 일부 지역에서 소련과 중국의 지원을 받는 민족 해방 운동을 지원했다. 북한은 로버트 무가베Robert Mugabe의 짐바브웨 아프리카민족연맹Zimbabwe African National Union이 집권하기 전부터 이들을 도왔고, 이후에도 군사 자문단과 무기를 통해 무가베가 1980년대 중반 은데벨레Ndebele 지역의 저항 세력을 분쇄하는 데 도움을 주었다.

남한의 박정희 역시 북한과의 일정한 관계 완화를 시도했다. 1972년 5월 박정희는 김일성과 직접 대화하기 위해 고위급 대표단을 파견했다. 김일성은 남측 인사들을 환대했으며, 그 역시 통일을 꿈꾼다고 말했다. "외세를 배격합시다. 싸우지 맙시다. 민족이 단결하고 그밖에 공산주의 자본주의, 이런 것은 다 덮어둡시다"라고 김일성은 말했다.[58] 그러나 방

---

58) Lyong Choi, "The Foreign Policy of Park Chunghee: 1968–1979," p.101(옮긴이–이는 1972년 5월 4일 김일성–이후락의 대화 내용이다).

문 이후에도 별다른 진전은 이루어지지 못했다. 미국의 데탕트 정책과 주한미군 철수를 우려한 박정희는 독재를 더욱 강화하는 방향으로 움직였다. 1974년 재일 교포 출신 암살범(그는 일본에서 북한 요원과 밀접한 관계를 맺었다)이 박정희 대통령을 살해하려고 했으나 실패했고, 박정희 바로 옆에 있던 영부인이 사망했다. 다음 해인 1975년 중국을 방문한 김일성은 베트남공산당의 승리와 남한의 정치적 불안으로 인해 무력으로 한반도를 통일할 기회가 왔다고 말했다. 중국 외교정책을 서서히 관리하기 시작했던 덩샤오핑鄧小平은 김일성의 제안을 거절했다. 덩샤오핑이 보기에 이는 중국의 우선순위 사업이 아니었다.

1976년 마오쩌둥의 사망 이후 덩샤오핑이 주도했던 중국의 개혁개방은 중국-한반도 관계를 근본적으로 바꾸었다. 개혁개방 초창기부터 남한 기업들은 중국의 관료와 기업 관리자들과 협력하기 시작했다. 또 중국-남한 간의 공식 수교 이전에도 대중 무역과 투자가 간접적인 방식으로 성장하고 있었다. 중국에 남한은 매우 중요한 기술 수입국이었고, 상호 무역은 빠르게 증가하여 1985년에 이르면 이는 10억 달러 수준에 이르렀다. 1990년까지 무역액은 50~60억 달러 수준이었고, 이는 그 어느 때보다도 빠르게 성장했다. 남한의 주요 기업은 모두 베이징에 사무소를 두었고, 1989년부터 중국 정부는 홍콩을 통한 남한과의 간접 무역을 포기하고 공식 수교 여부와 상관없이 양국 간의 직접 무역을 허용했다.

중국과 한반도의 경제 재통합이 시작될 즈음 남한의 정치적 소요가 발발했다. 1979년 10월 26일 박정희 대통령은 서울 궁정동의 안전가옥에서 중앙정보부장에게 살해되었다. 생의 마지막 무렵 박정희는 중국과 완전한 외교 관계 수립을 원했다. 박정희 이후 등장한 군부 지도자들은 정권을 제대로 통합하지 못했다. 학생층이 주도하는 저항에 직면한 군부는 1987년 자유로운 선거를 약속했다. 1987년부터 남한은 민주주의 국가가 되었다고 할 수 있다. 여전히 거대 재벌들이 상당한 영향력을 행사했지만 말이다. 노태우 신임 대통령은 중국, 소련 그리고 최종적으로는 북한과의 관계 정상화를 하겠다는 의지를 천명했다.

1980년대 후반 냉전이 끝나가기 시작하면서 한반도를 둘러싼 전략적 상황이 바뀌기 시작했다. 미국과 소련은 더는 적대 관계에 머물러 있지 않았기에 많은 한반도인은 조만간 통일이 올 것으로 생각했다. 경제 성장 그리고 최근의 민주화를 통해 고무된 남한에서는, 특히 젊은이들이 개혁개방을 추구하는 중국이 한반도의 분단 해결에 도움을 줄 것으로 생각했다. 많은 이들은 오랫동안 남한의 독재자를 지원한 미국에 반감이 있었고, 남한이 앞으로는 미국에 덜 의존하기를 원했다. 개혁개방 중이었던 중국은 남한의 관점에서 볼 때 매력적인 협력 대상으로 보였다. 이와 같은 시각은 1989년 덩샤오핑이 중국의 자체적인 민주화 운동을 분쇄한 이후에도 유지되었다.

그리고 중국 역시 남한과의 관계 개선을 희망하는 듯 보였다. 1988년 중국 지도부는 북한의 거부가 명백한데도 불구하고 노태우 대통령이 제시한 남북한 평화 관계 발전 원칙을 지지했다. 한편 중국과 남한은 미국의 도움을 받아, 외교적 승인 문제를 비밀 외교를 통해 차근차근 접근했다. 1990년 6월 소련의 지도자 미하일 고르바초프Mikhail Gorbachev가 남한을 외교적으로 승인하면서 아시아에 충격을 주었다. 이는 경제적 동기로 이루어진 것이지만, 고르바초프는 소련-남한 관계의 정상화를 한반도 평화정책의 첫 단추로 보았다. 소련의 결정으로 중국의 남한의 완전 승인이 용이해졌다. 한 중국 관료는 나에게, 소련은 북한의 정치적 비난을 감수했었고, 중국 역시 그 당시 소련의 그늘 아래 비슷한 선택을 내리기를 원했다고 말했다. 특히 심화하고 있던 중국-남한 간의 경제 관계가 외교적 승인 문제를 전면으로 끌고 왔다. 1990년대 초까지 중국은 남한의 3대 교역국이었고, 남한의 투자를 받는 데 혈안이 되어 있었다. 1992년 8월 중국과 한국은 서로 완전한 외교 관계를 수립할 것이라고 발표했다.

북한 지도자들은 이 모든 일련의 사건을 믿을 수 없다는 눈으로 바라보았다. 북한이 자신의 방식으로 번영할 수 있기를 허락해준 냉전 세계가 이제 그들 눈앞에서 사라지고 있었다. 1990년 소련의 배신을 두고 격렬하게 반응하면서, 북한은 한반도 비핵화 선언 등을 남한과 합의하려 시도했으나, 그 어떤 협의도 제대로 작동하지 않았다. 중국이 남한을 승인했을 때, 북한의 공식적 반응은 분노보다는 슬픔에 가까웠다. 중국과 북한인들이 개인적으로는 날선 의견을 주고받았지만 말이다. 평양의 중앙방송은 "사회주의 혁명의 앞길에는 멀고 험난한 진펄길(옮긴이-헤어나올 수 없는 길)과 불타는 강이 있을 수 있으므로 고난의 행군을 계속해나갈 비상한 각오가 있어야 한다. 역사적 경험이 보여주는 바와 같이 부르주아 사상에 문을 열어주고 인민이 사회주의 사상을 체득하도록 하기 위한 사업을 잘해

오지 못한 사회주의는 좌절을 면할 수 없다."[59] 김일성은 북한이 조선 민족의 최후의, 최고의 희망이라고 적었다. 그리고 김일성은 굴복하지 않을 것이었다. "그러기에 나는 지금도 종종 젊은 사람들에게 조국을 잃으면 살아도 죽은 목숨과 같다, 망국노가 되지 않으려거든 나라를 잘 지켜라, 나라 잃은 설움으로 통곡하기 전에 조국을 더 부강하게 하고 막돌 한 개라도 더 주어다가 성새를 높이 쌓으라고 말해주곤 합니다."[60]

20세기 대부분의 시기는 한반도에게 좋지 않았고, 또 중국-한반도 관계에도 마찬가지였다. 한반도 식의 민족 개념이 현대적 형태를 갖추자마자 한반도는 일본의 식민지가 되었다. 그 과정에서 중국과의 오래된 관계가 해체되고, 20세기의 후반부에 중국-한반도 관계는 새로운 방식으로 복원되었다. 그러나 한반도와 관련 있는 중국의 신국가 역시 민족주의를 통해 변화해 있었다. 제국을 상속받은 중국 공산주의자들은 점점 더 그들이 민족국가를 통치하고 있다고 믿었다. 민족국가인 중화인민공화국 내의 모든 주민은 그들을 하나나 다른 형태의 중국인으로 상상해야만 했다. 한반도인은 두 개의 분단국가의 등장으로 고통을 받았고, 특히 북한이 점점 더 기능을 상실하면서 그러했다. 그러나 그들은 완전히 새로운 형태로 부상하고 있는 중국을 다루어야 했다. 이전의 종주국은 이제 완전히 고도로 중앙집권화되고, 국가 이익에 따라 움직이는 민족국가가 되었고, 지역을 중국의 관리 아래 두기 위한 새로운 방식을 추구하고 있었다.

---

59) Yongho Kim, *North Korean Foreign Policy: Security Dilemma and Succession*(Lanham: Lexington Books, 2011), p.85(옮긴이-이는 『조선중앙방송』 1992년 8월 24일 논설이다).

60) Kim Il-sung, *With the Century*, vol, 8(Pyongyang: Foreign Languages Publishing House, 1998), p.404(옮긴이-김일성, 『세기와 더불어』 계승본 8권, 조선로동당출판사, 1998, 489쪽).

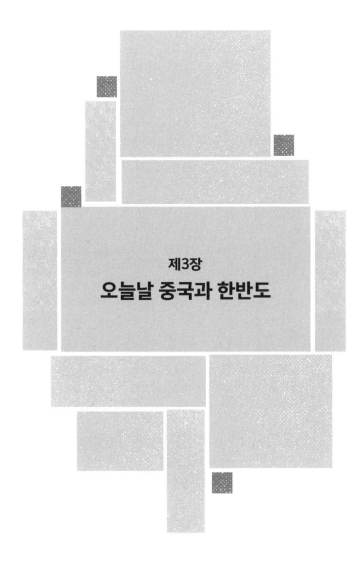

제3장
오늘날 중국과 한반도

20세기 말 무렵 중국과 한반도는 짧은 기간 동안 현격한 변환을 겪었다. 마오쩌둥 집권 말기의 중국은 정치 사업이 끊임없이 이어지던 폐쇄적인 사회였다. 그러나 1990년대의 중국은 시장 중심의, 변화무쌍한 개방적인 사회가 되었다. 유일하게 변하지 않은 것은 중국공산당이 권력을 장악하고 있다는 사실이다. 그러나 중국공산당의 권력 행사 역시 적어도 중국 국내적 차원에서는 예전과 매우 다른 목적으로 행사되고 있었다. 한반도의 상황도 대부분의 예상과는 다른 방향으로 흘러갔다. 가난하고, 많은 사람이 그 미래를 비관적으로 보았던 남한은 세계에서 가장 높은 경제 수준을 구가하며, 정치인들 간의 경쟁이 이루어지는 완전한 민주주의 국가로 성장했다. 건국 초기에 사회주의 계획경제를 통해 더 빠르게 발전하는 것으로 보였던 북한은 뒤처졌고, 소련과 소련 진영의 몰락, 그리고 중국의 시장 지향적 개혁 과정을 통해 취약해졌다. 1990년대에 중국-한반도 관계는 명백히 새로운 국면으로 들어갔으나, 과연 어떤 시대가 도래할지 확실하게 말하기는 어려웠다.

가장 극적인 변화가 예상된 곳은 바로 북한이었다. 한반도 안팎의 많은 관찰자들은 북한의 붕괴나 북한이 중국과 유사한 형태의 개혁에 나서리라 예측했다. 1994년 7월 김일성이 급사하면서 북한의 취약함은 더욱 커 보였다. 김일성은 북한을 세우고, 약 반세기 동안 통치했다. 비록 김일성이 아들 김정일을 후계자로 키우며(중국도 마지못해 여기에 동의했다) 세계 최초의 공산주의 왕조 국가를 만들고자 했으나 이 계획이 과연 실현될 수 있을지는 불투명했다. 김정일은 국가 건설보다는 영화와 특히 여배우에 관심이 많은 바람둥이로 유명했다. 베이징의 정책결정자들은 북한의 새로운 지도자 김정일에게 어떻게 하면 중국과 협력하여 중국의 개혁 모델을 따를 수 있을지를 조언하고자 했다. 그러나 동시에 그들은 북한이 붕괴했을 때 불거질 수 있는 중국공산당 내부의 비판 역시 피하고 싶어했다.

김정일이 1990년대 중반 권력 승계에 몰두하고 있을 때, 북한의 경제는 통제 불능 상태로 빠져들고 있었다. 북한은 공식적으로 자급자족이라는 이데올로기를 표방하고 있었지만, 소련이 주도하는 사회주의 경제 질서에 깊숙이 통합되어 있었다. 사회주의 경제 질서 내에서 북한은 시장 가격보다 더 낮은 가격으로 상품을 수출입할 수 있었다. 중국의 대북한 무역도 인위적으로 낮은 가격에 거래되었다. 소련이 붕괴하고 중국이 상품의 가격을 시장 가격 수준으로 요구하는 가운데, 북한은 식량, 비료, 농기계를 포함한 수입품을 대폭 줄일 수밖에 없었다. 줄곧 유지되었던 식량 배급량이 급속히 줄어들고, 특히 농촌에서의 감소 폭이 컸다. 1994~1995

년 사이에 가뭄과 홍수로 식량 생산량이 줄었다. 무엇보다도 모든 이가 의존하고 있던 정권의 배급 체제가 흔들렸기 때문에, 몇몇 지역은 식량 공급 없이 수개월을 버텨내야만 했다. 그 결과는 세계적 수준의 기아였다. 중국 측 정보에 따르면, 적어도 50만 명이 사망했다. 한 의사는 이렇게 보고했다.

어린이들은 종종 가벼운 감기나 기침, 설사로 병원에 왔다가 갑자기 죽었다. 형편없는 영양 상태가 그들의 내성을 낮춘 것이다. 병원에 항생제가 있었더라도 이를 투여하기에 어린이들의 몸은 이미 너무 약한 상태였다. 아기들의 상태는 그야말로 최악이었다. 영양실조 상태였던 산모는 모유가 충분치 않았다. 아기용 분유는 존재하지 않았고 우유도 귀했다. 이전이라면 모유가 잘 나오지 않는 산모들은 쌀로 만든 죽을 먹일 수도 있었다. 그러나 지금은 쌀도 구할 수가 없는 형편이었다.[1]

인민이 굶주리고 있었지만, 북한 정부가 외부의 지원을 호소하는 데에는 오랜 시간이 소요되었다. 북한 정부는 재앙의 진실을 알리면 북한이 취약해 보일 것을 우려했다. 해외의 구호 활동가들이 북한 내에서 활동하며 미칠 영향을 저어했다. 또 외국 기자들이 북한이 실제로 어떻게 운영되고 있는지를 보도하는 일을 걱정했다. 그러나 끝내 북한은 중국이 줄 수 있는 구호품에 더해 다른 국가의 구호 지원을 받아들일 수밖에 없었

---

1) Barbara Demick, *Nothing to Envy: Ordinary Lives in North Korea*(New York: Spiegel and Grau, 2010), p.113.

다. 그리고 남한과 미국이 가장 많은 양의 구호품을 제공했다. 북한 정권은 구호를 받아 이를 인민에게 분배했지만, 최대한 구호품의 출처를 숨기고자 했다. 점점 더 심해지는 외부를 향한 경계심xenophobia을 포함하여, 북한 정권의 속성은 전혀 변하지 않았다.

김정일은 김일성이 소련에서 망명 생활을 할 당시 태어났다. 1994년 김일성이 사망했을 때 김정일의 나이는 53세였다. 김일성은 김정일에게 후계자 수업을 했으나, 젊은 시절 김정일은 국가의 통치보다는, 영화와 여자를 더 좋아하는 불량 학생이었다. 김정일이 북한의 최고 통치자 자리에 올랐을 때, 이미 김정일의 건강은 그리 좋지 않았다. 또 김정일은 중국을 포함한 바깥 세계의 사람들이 공산주의 왕조의 미래를 의심쩍게 보고 있다는 사실을 알고 있었다. 김정일은 북한 내에서 김일성을 향한 대중 숭배를 강화하고, 그 뒤에 자신을 덧붙이는 방식으로 대응했다. 김일성이 '위대한 수령'이었다면 김정일은 공식 선전물에서 '친애하는 지도자'가 되었다. 김정일과 그 주위의 '김일성-김정일주의자들Kimist'에 제일 중요한 것은 바로 혈통이었다. 김정일의 최고통치권은 조선에서 그러했던 것처럼 왕권에 대한 유교적 원리와 놀라울 정도로 유사했다. 이 주장에 따르면 김정일은 아버지 김일성의 능력을 이어받았고, 아버지로부터 개인적으로도 교육을 받은 인물이었다. 이처럼 어려운 시기에 과연 김정일보다 더 나은 지도자가 있을 수 있겠는가? 김정일이 이전에 보여준 바람직하지 못한 행보와 해외에서의 폄하에도 불구하고 김정일은 북한이 생각하는 지도자상에 잘 부합했다.

어떤 면에서 김정일은 그 자신의 이미지에 맞추어 살려고 노력했다. 김정일은 김일성의 이름으로 발행된 여러 저작을 본떠서 주체사상과 조선 사회주의에 대한 여러 저작을 발표하기 시작했다. 무엇보다도 김정일은 외교 관계, 특히 중국과의 관계에 적극적인 관심을 보였지만, 힘 있는 이웃 국가를 방문하는 데 승인을 얻기까지 6년의 세월이 필요했다. 중국은 명백히 김정일을 불만스럽게 바라보고 있었다. 기근이라는 재난을 맞이하여 김정일은 제한적인 민간 시장을 임시방편으로 허용했다. 김정일은 고위 간부들의 부패를 어느 정도 묵인했다. 그러면서 그 자신은 일본 요리와 프랑스 와인, 나폴리 피자와 같은 고급 취향을 즐겼다. 북한 정권은 점점 더 폐쇄적이고 편협하고, 위계적으로 변했고 모든 결정을 내리는 최고 지도자 김정일에게 모든 권한이 집중되었다. 실제로 정권에 반대한 인사들이든 혹은 그렇게 간주된 사람들은 처형되거나 감옥이나 재교육 수용소로 보내졌다. 2000년 즈음에는 약 20만 명의 북한인이 정치적인 이유로 수용됐다(2019년에 그 수는 약 12만 명 정도이다).

북한에는 비장의 카드 한 장이 남아 있었다. 김일성과 김정일 모두 이 카드를 통해 북한이 국제무대에서 유리한 고지를 차지할 수 있다고 생각했다. 1950년대부터 북한의 과학자와 기술자들은 소련에서 핵 관련 공동 연구에 참여했다.[2] 1963년 소련은 북한의 핵에너지 개발을 지원하기로 합의했고 1965년 말 무렵 첫 원자로가 작동했다. 1980년대 소련이 국내외 문제에 몰두하면서, 1980년대 어느 시점부터 북한은 자체적인 핵무기 개

---

2) 미국은 1958년 남한에 처음으로 핵무기를 배치했다. 그리고 이를 1991년까지 철수하지 않았다. 남한은 1970년대 초에 핵무기를 개발하기를 시도했으나 미국의 압력으로 이를 포기했고, 대한민국 정부는 1975년에 핵확산금지조약에 서명했다.

발에 착수했다. 1993년 국제원자력기구International Atomic Energy Agency, IAEA
는 북한 자신이 서명했던 핵확산금지조약Non-proliferation Treaty, NPT을 북한
이 위반한 것으로 보인다고 보고했다. 이어 같은 해 북한은 핵확산금지조
약 탈퇴를 발표했다. 이와 같은 북한의 행보는 미국과 다른 국가들에 경
종을 울렸다. 빌 클린턴Bill Clinton 행정부는 한국전쟁 이후 처음으로 북한
과의 회담을 받아들였다. 김정일의 권력 승계 직후인 1994년 10월 북한과
미국은 '제네바 기본 합의Framework'를 체결했고 북한은 핵확산금지조약에
잔류하기로 했다. 이제 세계 유일의 초강대국이 된 미국이 볼 때 제네바
기본 합의는 자비로운 패권국이 세계 전체를 대표하여 협상에 나선 것이
었다. 김정일에게 제네바 기본 합의는 분명 신의 선물이었을 것이다. 이
합의는 김정일 정권의 체면을 크게 차려주었을 뿐 아니라 북한은 비핵화
의 대가로 미국의 지원을 약속받았고, 미국과 완전한 관계 개선을 기대할
수도 있었다.

하지만 북한과 미국의 핵 합의는 유지되지 못했다. 1994년 중간선거
이후 공화당이 다수파가 된 미국 의회는 북한과의 협정을 지지할 의사가
없었다. 미국은 제네바 기본 합의의 대가로 북한에 제공하기로 했던 중유
中油의 공급에 대한 자금 지원을 보류했다. 또 미국은 한국전쟁 시기부터
지속해온 북한을 향한 제재도 해제하지 않았다. 일부 원조는 백악관이 담
당하고 있던 자금을 통해 지원되거나, 기아에 대처하는 구호 물품이 보내
졌다. 그러나 북한은 미국이 제네바 기본 합의를 이행하지 않는다는 사실
에 분개했다. 무기급 플루토늄 생산 능력이 있던 영변 핵시설을 폐쇄하는

대가로 북한이 약속받았던 것은 2기의 경수로였다. 경수로 건설은 첫 삽은 떴으나 완료되지는 않았다. 경수로 건설 사업은 조지 부시George W. Bush 대통령이 취임한 이후, 미국 정보당국이 북한이 핵무기용 우라늄 농축 기술을 확보하려 한다고 보고한 이후 완전히 중단되었다. 부시는 9·11 테러 이후 이란, 이라크와 함께 북한을 '악의 축axis of evil'이자 "주민들은 굶기면서 미사일과 대량살상무기로 무장하는 정권"이라 선언했다.[3]

냉전의 종식 이후 북한이 생존을 위해 투쟁하는 동안, 남한은 이 기회를 통해 번영하기 시작했다. 중국의 개혁개방은 남한 기업에 새로운 시장을 제공했다. 이어 남한 경제는 점점 더 세계화되었다. 남한의 수출 상품이 세계 시장에 등장하기 시작했으며, 합리적인 가격과 좋은 품질을 지닌 남한 상품의 판매량이 빠르게 늘어났다. 남한의 GDP는 1985년부터 1995년까지 매년 거의 10퍼센트씩 성장했으며, 1995년 1인당 GDP는 약 1만 3,000달러로 아시아에서 일본, 싱가포르 다음을 차지했다. 이에 비해 당시 중국은 608달러, 북한은 222달러였다. 남한의 중산층은 계속 팽창하는 소비 수준에 익숙해졌다. 1997년 남한을 강타했던 아시아 금융 위기도 남한 소비자들의 자신감에 큰 영향을 주지는 않았다. 그리고 김영삼과 김대중이 이끈 민주liberal 정권은 더 높은 경제적 번영을 목표로 삼았다. 여기에 교육과 보건 그리고 좋은 일자리를 향한 접근권도 함께였다.

덩샤오핑의 후계자였던 장쩌민江澤民에게 중국의 대한반도 정책의 우선순위는 분명했다. 장쩌민은 중국의 경제를 발전시키기 위해 남한과의

---

3) 조지 W. 부시, "상·하원 합동 연두 국정연설(2002년 1월 29일)," https://www.washingtonpost.com/wp-srv/onpolitics/transcripts/sou012902.htm

무역, 기술이전 그리고 투자를 받고 싶어 했다. 장쩌민에게 북한은 기껏 해야 부차적인 존재일 따름이었다. 북한은 기존의 안보 조약을 유지하고 내부에서 중국식 개혁을 도모할 때나 중국의 이익을 보장할 수 있었다. 중국은 북한의 기아 극복을 위한 원조를 제공했지만, 그 양은 남한과 미국보다 적었다. 중국은 북한 정권의 급작스러운 붕괴를 막고자 했다. 이는 수많은 난민을 발생시키고, 미국의 비호를 받는 통일 한반도를 의미했기 때문이다. 그러나 동시에 중국은 북한과 지나치게 밀착되어 보이고자 하는 것을 피하고자 했다. 중국−북한의 밀착은 호황을 누리고 있는 남한과의 수익성 있는 관계를 위태롭게 했기 때문이다. 장쩌민과 보좌진은 한반도의 통일이 가능할 뿐 아니라 조만간 이루어지리라 보았다. 그들은 중국이 한반도 두 정권 사이에서 공정한 중개인honest broker 역할을 하고자 했으며, 이를 통해 중국의 위신을 높이고, 안보를 강화할 수 있으리라 보았다.

정치 지도자들이 중국−한반도 관계의 변화가 가져올 전략적 함의와 씨름하는 동안, 중국의 기업인과 일반 시민은 관계의 변동을 다른 방식으로 느끼고 있었다. 1990년대와 2000년대를 거치면서, 남한의 대중국 투자는 폭발적으로 증가했다. 이미 1995년에 중국은 남한의 대아시아 투자의 가장 큰 수혜국이었으며, 10년 후에는 대중국 투자액이 다른 아시아 국가의 대중국 투자액을 모두 합친 만큼의 수준이었다. 중국의 현대화에 있어 남한의 자금과 기술 비법이 중요한 역할을 했고, 특히 산둥성과 랴오닝성 등 일부 지역에서는 남한의 투자가 결정적이었다. 중국에서 남한산 상품은 점점 더 인기를 끌었고, 한국어를 공부하는 중국 학생의 수가 급증했다. 중국 젊은이들은 더는 평양에 가고 싶어 하지 않았다. 이제 남한 여행이 그들의 꿈이었다.

특히 남한 TV 드라마가 선풍적인 인기를 누리면서 중국인은 점점 더 남한 여행을 꿈꾸었다. 남한 가족 드라마 〈사랑이 뭐길래〉가 1997년 중국 관영 TV 중국중앙텔레비전China Central Television, CCTV에서 방영되어 중국 방송 역사상 역대 두 번째로 높은 시청률을 기록했다. 다른 남한 TV 드라마도 그 뒤를 이어 방영되었고 2000년대 중반까지 중국에서 남한 TV 프로그램은 단연코 가장 인기가 있었다. 수백만 명의 중국 젊은이가 남한 드라마 속 남녀 주인공과 자신을 동일시했다. 이는 이 드라마들이 사랑과 가족 문제, 사회 개선, 여성의 역할, 세대 격차 등 많은 중국인이 공감할 만한 내용을 다루고 있었기 때문이다. 미국과 유럽 드라마, 그리고 강한 검열을 받는 중국 드라마와 달리 남한 드라마는 중국인 대부분이 공감할 수 있는 가치와 문제를 다루고 있었고, 시청자에게 남한이 진취적이고 발전된 지역이라는 인상을 남겼다. 남한 드라마의 열광적 팬인 중국인 친구는 나에게 "그들은 우리와 무척 비슷해"라고 말하기도 했다.

당연히 중국공산당 당국은 남한 TV의 인기를 일종의 위협으로 바라보기 시작했다. 2006년 중국 정부는 남한 드라마의 수입량을 제한하기 위해 노력했다. 그러나 중국 시청자는 단속을 피하기 쉬운 영상 공유 사이트로 눈을 돌렸다. 공산당 기관지들은 남한 드라마 시리즈를 시청하는 일이 비애국적 행위라고 목소리를 높였고, 남한 프로그램을 불법적으로 전송하는 사람들을 강하게 제재했다. 또 어떤 이들은 한류Korean Wave 시청자가 흥미로워했던 유교 문화가 사실 중국 고유의 문화적 유산이라고 강조했다. 즉 유교 문화는 공인되고 제대로 된 중국 TV 프로그램을 통해 더 잘 이해될 수 있다는 것이었다.[4] 하지만 이와 같은 당국의 조치는 효과를 거두지 못했다. 심지어 새로이 주석이 된 후진타오胡錦濤도 여러 일(아마도 여기에는 한반도 문제도 포함될 것이다)로 너무 바빠서 남한 드라마 최신작을 많이 보지 못한다고 개인적으로 불평을 표하기도 했다.[5]

곧 현실 세계가 TV의 세계를 압도하기 시작했다. 2002년, 제네바 기본 합의가 깨졌을 때와 마찬가지로 북한 핵 문제가 다시 불거졌다. 이는 후진타오가 국가 주석이 된 때와 시기적으로 맞물렸다. 2003년 북한이 끝내 핵확산금지조약에서 탈퇴했을 때, 후진타오는 북한의 핵 프로그램 폐기를 위한 남북한, 중국, 미국, 러시아, 일본 등 모든 관련국이 참석하는 대화를 촉진하는 식으로 대응했다. 6자 회담은 베이징에서 열렸고 중국이 의장을 맡았다. 여러 면에서 6자 회담은 중국의 동아시아 외교 복귀를 알리는 것이었다. 중국이 회담의 장소를 제공하고, 의장국을 맡았기에 모두가 중국이 해결책을 제시할 것이라 생각했다. 그러나 후진타오와 보좌진은 한반도 문제에 관한 토론에서 중국이 어떤 태도를 보여야 하는지 어려움을 겪고 있었다. 중국은 북한이 핵확산금지조약에 다시 가입하기를 원했다. 하지만 동시에 중국은 북한 정권을 안정시키고, 북한에 국제적인

---

4) Ji Hoon Park, Yong Suk Lee, and Hogeun Seo, "The Rise and Fall of Korean Drama Export to China: The History of State Regulation of Korean Dramas in China," *International Communication Gazette* 81, no. 2(March 1, 2019), pp.139–157.

5) Evan Osnos, "Asia Rides Wave of Korean Pop Culture Invasion," *Chicago Tribune*(December 23, 2005)(옮긴이-이는 후진타오 주석의 〈대장금〉 관련 발언이다).

지원, 가능하다면 안전 보장을 해주기를 원했다. 중국 정보당국은 중국 공산당 지도자들에게 김정일이 핵 개발을 결심한 것 같다고 경고했다. 그러나 후진타오는 핵 문제를 두고 북한에 강경 조치를 취하기보다는, 북한 정권이 생존하는 일이 중국에 더 중요하다고 생각했다.

남한에서는 권력을 쥔 민주liberal 정부와 국민의 일반적인 여론은 중국이 핵 협상과 남북한 간의 영구적인 화해를 합의하는 데 긍정적인 역할을 하리라 보고 있었다. 2002년 남한의 66퍼센트가 중국을 호의적으로 보았다. 대한민국의 가장 가까운 동맹인 미국을 바라보는 호의적인 의견은 52퍼센트였고, 일본은 30퍼센트를 밑돌았다.[6] 남한의 '햇볕정책'은 김대중 대통령 시기에 수립되었는데, 이는 북한에 경제적 유인을 제공하여 남북한의 협력을 증진한다는 목표를 지니고 있었다. 남한은 북한에 더 많은 원조를 제공했고, 2000년에 김대중 대통령은 평양으로 가서 김정일을 만나 역사상 처음으로 남북한 정상회담을 성사시켰다. 중국은 남한의 정책을 지지했고, 조지 부시 행정부의 미국은 이를 공개적으로 비판했다. 미국은 남한이 북한에 원조를 제공하면 북한이 이를 활용하여 비핵화를 향한 국제적 압력에 저항할 것을 우려했다.

'햇볕정책'과 중국이 압력을 준 결과로 2005년 북한은 6자 회담에서 한반도에서의 검증 가능한 비핵화, 모든 핵무기와 현존하는 핵 계획을 포기할 것, 조속한 시일 내에 핵확산금지조약에 복귀한다는 원칙에 합의했다. 김정일의 새로운 약속이 얼마나 의미 있는지를 두고 중국의 외교정책 보

---

6) 이 수치에 대해서는 Pew Research Center Global Trends, https://www.pewresearch.org/global/database/.
　 2019년의 시점에는 34퍼센트의 한국인이 중국에 대해 호감을 표시했다.

좌진의 의견이 엇갈렸지만, 그들은 베이징에서 진행되는 6자 회담을 더 높은 단계로 도약시키고자 노력했다. 한편 미국이 북한의 해외 계좌의 외화 동결을 시도하자, 이에 분노한 북한 당국은 6자 회담의 진전을 거부했다. 그 후 2006년 10월, 북한은 제1차 핵실험을 발표하고 실행했다. 중국 국경과 그리 멀지 않은 곳에서 실시된 이 실험은 1945년 히로시마에 투하된 미국 폭탄의 폭발력의 10퍼센트 정도였다. 그러나 북한이 이전의 모든 약속, 그리고 6자 회담에 참여했던 다른 모든 국가의 의사를 무시하고 핵보유국이 되었다는 사실이 중요했다.

당연히도 중국은 북한 지도자의 행동에 분노를 표했다. 중국공산당 정치국도 어느 순간부터는 북한이 핵실험을 하리라 예상했으나, 북한의 행동은 중국 정부의 체면을 구기는 일이었다. 중국 지도부는 북한의 핵실험을 두고 이는 "노골적이고 뻔뻔한" 국제 여론의 위반이라며 공개적으로 강력하게 규탄했고, 중국은 북한의 행동에 "강력하게 반대한다"라고 말했다. "중국은 북한에 비핵화를 향한 약속을 준수하고 이 지역을 불안정하게 하는 모든 행동을 중단하며 6자 회담으로 복귀할 것을 강력히 촉구합니다."[7] 당시 평양을 방문했던 중국의 고위급 인사는 사적으로 더욱 분노를 표했다. 그러나 북한은 꿈쩍도 하지 않았다. 북한 당국자는 평양을 방문한 중국 대표 앞에서 북한이 핵실험 직전 발표한 성명을 읽어내릴 뿐이었다. "자기의 믿음직한 전쟁 억제력이 없으면 인민이 억울하게 희생당하고 나라의 자주권이 여지없이 농락당하게 된다는 것은 오늘 세계 도처

7) Kristin Huang, "How China Reacted to Previous North Korean Nuclear Tests," *South China Morning Post*, September 4, 2017. https://www.scmp.com/news/china/diplomacy-defence/article/2109692/how-china-responded-previous-north-korean-nuclear-tests 에서 인용.

에서 벌어지고 있는 약육강식의 유혈 참극들이 보여주는 피의 교훈이다. 우리의 핵무기는 철두철미 미국의 침략 위협에 맞서 우리 국가의 최고 이익과 우리 민족의 안전을 지키며 조선반도에서 새 전쟁을 막고 평화와 안정을 수호하는 믿음직한 전쟁 억제력으로 될 것이다."[8] 중국 대표단은 씩씩거리며 평양을 떠날 수밖에 없었다.[9]

중국도 참여한 국제연합 안전보장이사회 결의안은 북한의 핵실험이 "국제 평화와 안보에 대한 명백한 위협"이라 보고, 북한의 추가 핵실험이나 탄도미사일 발사를 자제하고, 핵확산금지조약에 복귀하며, 모든 탄도미사일 프로그램을 중단하고, 핵무기들과 핵 프로그램을 "완전하고complete 검증 가능하며verifiable 불가역적인irreversible 방법"으로 제거할 것을 요구했다. 또 이 결의안을 준수할 때까지 북한에 제재를 가하기로 했다. 여기에는 중화기, 이와 관련된 물품, 대량살상무기 및 이와 관련된 기술 그리고 사치품이 포함되었다. 모든 회원국은 북한의 핵 프로그램을 지원하는 자국 내 금융 자산을 동결해야 했다. 결의안은 미국, 특히 일본이 요청한 안보다는 어조가 강하지는 않았다. 그러나 이는 여전히 냉전 이후 강대국의 협력을 보여준 주목할 만한 사례였다. 북한은 충격을 받고 분노했다. 그들은 중국이 그러한 결의안에 거부권을 행사할 것이라고 믿었다. 이제 그들은 국제연합 안전보장이사회의 결의안이 그들의 나라를 향한 '전쟁 행위'라 주장했다.

일부 중국 지도자들은 중국이 북한에 핵실험을 하지 말라고 했기 때

---

8) https://www.globalsecurity.org/wmd/library/news/dprk/2006/dprk-061004-kcna01.htm 에서 인용(옮긴이-2006년 10월 3일 발표된 「조선민주주의인민공화국 외무성 성명」이다).

9) 베이징에서 만난 전(前) 고위급 외교관과의 인터뷰에서 얻은 정보이다.

문에 북한이 그 말을 들을 것이라 진심으로 생각했다. 이렇게 생각한 중국 지도자들이 북한의 행동에 대해 가장 크게 분노했다. 비록 이들이 중국-한반도 관계사를 잘못 읽은 것이기는 했지만, 중국 지도자들은 적어도 중요한 문제에서는 김정일이 반드시 중화인민공화국의 지도를 따라야만 한다고 보고 있었다. 이제 북한이 중국의 말을 듣고 있지 않다는 점이 명백해지자, 중국 내부에서는 이를 두고 어떻게 대응해야 할지 심각한 의견 대립이 있었다. 후진타오와 그와 긴밀했던 외교정책 보좌진은 국제연합 결의안에 중국이 동의해야 한다고 주장했다. 반면 중국 외교부는 중국-북한 관계를 더는 악화하지 말도록 주의를 요구했다. 일부 군 수뇌부와 정보기관도 중국 외교부의 의견에 동조했다. 그러나 중국공산당 중앙위원회의 의견은 나뉘어 있었다. 강경론자들은 북한이 중국과 후진타오를 상대로 가한 도발이 워낙 위중하기에 북한과의 당 대 당 관계를 중단하고, 대북한 원유 공급을 대폭 축소하여 김정일에게 추가적인 압력을 가해야 한다고 주장했다. 그러나 대다수는 그러한 조치가 중국의 상대적인 무능함을 국제사회에 보여주는 것 이외에는 별다른 성과를 거두지 못한다고 보았다. 미온적인 타협안의 결과는 다음과 같았다. 중국과 북한은 일반적인 국가 대 국가 관계일 뿐 두 나라는 동맹 사이가 아니라는 부인 성명이었다.[10]

2007년 중국은 북한과의 협상을 내켜 하지 않던 부시 행정부를 협상장

---

10) 여전히 효력이 있는 「조중 우호협력 및 상호원조조약」에 따르면 "체약 쌍방은 체약 쌍방 중 어느 일방에 대한 어떠한 국가로부터의 침략이라도 이를 방지하기 위하여 모든 조치를 공동으로 취할 의무를 지닌다. 체약 일방이 어떠한 한 개의 국가 또는 몇 개 국가들의 연합으로부터 무력침공을 당함으로써 전쟁 상태에 처하게 되는 경우에 체약 상대방은 모든 힘을 다하여 지체 없이 군사적 및 기타 원조를 제공한다." 그렇기에 문구상으로 따져보면 중국과 북한은 동맹이라 할 수 있다.

으로 이끌어올 수 있었다. 미국 측에서는 만약 북한과 새로운 합의를 한다면 이는 북한의 핵실험에 대한 보상이 될 것이라고 주장하는 이들이 많았다. 최종적으로 관철된 의견은 다음과 같았다. 결국, 북한의 핵실험으로 북핵 문제 자체가 더 커져버렸기에 북한이 비핵화에 동의하게 하는 것이 그 어느 때보다 중요하다는 의견이었다. 중국은 여러 이유에서, 북핵 협상에 그리 낙관적이지 않았다. 그러나 중국은 북한이 얼마나 지원을 필요로 하는지 모르고 있었다. 2007년 2월 김정일은 중유 5만 톤과 해외 북한 자산의 동결 완화를 대가로 영변의 핵시설을 폐쇄하고 봉인할 것에 합의했다. 국제원자력기구 사찰단은 북한의 핵 발전소가 2007년 7월 가동 중지된 사실을 확인했다. 그러나 2007년 가을에 미국은 북한의 핵 생산 시설 재고 목록이 불충분하다고 판단하고 지원을 중단했다. 6자 회담 역시 재개되지 않았다.

그 대신 2009년 4월 북한은 첫 번째 우주 인공위성을 발사했다. 발사는 실패했지만 다른 국가들은 북한이 미국에 도달할 수 있는 대륙간 탄도미사일 기술을 개발하고 있다고 확신했다. 2009년 5월 북한은 2006년보다 더 큰 성공을 거둔 제2차 핵실험을 감행했다. 제2차 핵실험으로 인해 가까운 시일 내에 6자 회담이 재개되기는 어려워졌다. 또 한반도 정세 역시 완전히 새롭고 더욱 위험한 방향으로 가고 있다는 점이 분명해졌다. 궁극적인 비핵화에 대한 전망은 유지하고 있었지만, 김정일의 수사는 점점 더 단호해졌다. 2011년 외신 기자와의 인터뷰에서 김정일은 다음과 같이 말했다. "전술 조선반도의 비핵화는 위대한 김일성 주석의 유훈이며 우리

공화국 정부의 시종일관한 입장입니다. 조선반도 핵 문제는 우리 인민의 자주권과 안전을 항시적으로 위협하고 있는 미국에 의하여 산생産生되었습니다. 우리는 미국의 노골적인 핵 위협과 가중되는 적대시 정책으로부터 자기의 자주권을 지키기 위하여 핵 억제력을 보유하게 되었습니다."[11]

북한의 제2차 핵실험에 대한 중국의 반응은 3년 전보다는 상당히 절제되어 있었다. 중국 지도부는 북한의 핵실험이 "국제사회의 공동의 목적을 무시한 것"이라 말하면서 외교적 해결책을 권장했다.[12] 국제연합 안전보장이사회가 북한의 무기 수출입에 대해 추가적 제재를 가했지만, 다른 분야에서는 별다른 합의가 이루어지지 않았다. 6자 회담의 결렬 이후 중국은 방침을 바꿔 북한이 중국식 발전 전략을 채택하게 하여, 북한의 우선순위를 경제 영역으로 돌리고 이를 통해 북한 체제 내에서 중국의 발언권을 높이고자 했다. 대부분의 중국 지도자들은 이제 조선민주주의인민공화국이 1990년대와 2000년대 초반의 위기를 극복했으며, 더 포괄적인 정책을 통해 북한 정권을 더욱 안정시키고 중국 의존도를 높일 수 있다고 믿었다. 2007~2008년 서구의 금융 위기를 통해 많은 중국인들이 중국의 세계 강대국으로의 부상이 그들이 예상한 것보다 더 빨리 진행되고 있으며, 중국은 최소한 동아시아 지역 내에서 더욱 공세적인 정책을 펼 수 있으리라 확신했다. 후진타오는 2009년을 중조 친선의 해로 선포했고, 김정일은

---

11) "Response to questions from Russia's ITAR-TASS news agency," October 13, 2011(옮긴이—이는 「김정일 동지께서 로씨야 이따르—따쓰통신사가 제기한 질문에 주신 대답」, 『조선중앙통신』, 2011년 10월 13일).

12) Kristin Huang, "How China Reacted to Previous North Korean Nuclear Tests," *South China Morning Post*, September 4, 2017.https://www.scmp.com/news/china/diplomacy-defence/article/2109692/how-china-responded-previous-north-korean-nuclear-tests 에서 인용.

2010년과 2011년 두 차례에 걸쳐 중국을 방문했다. 특히 2011년에는 아들 김정은과 함께였다.

북한과의 점진적인 관계개선에 많은 공을 들여왔던 남한 진보파liberal 에게 북한의 핵실험과 6자 회담의 결렬은 정말로 큰 재앙이었다. 남한은 북한과 다양한 직접적인 관계를 맺어왔다. 여기에는 서울에서 자동차로 1시간 정도의 거리에 있으며 남한의 기업들이 공장 건설에 투자한 개성 공단도 포함되었다. 개성 공단에서 생산된 제품이 남한으로 운송되고 북한 정부는 개성 공단에서 일하는 북한 노동자의 임금을 수령했다(이들의 임금은 남한 노동자의 6퍼센트를 조금 넘는 수준이었다). 개성 공단은 2016년까지 운영되었지만, 완전히 가동되지 못했고 폐쇄되기 전까지도 많은 정치적 논란에 시달렸다. 관광객 방문, 이산가족 상봉, 인도적 지원이 모두 중단되었다. 2007년 12월에 한국은 10년 만에 처음으로 보수파인 이명박 정부가 등장했다. 이명박 정부의 출현으로 북한과의 관계가 악화하였다기보다는, 북한과의 관계 악화가 이명박 정부의 등장으로 이어졌다. 신임 이명박 대통령은 발빠르게 북한을 향해 더욱 대결적인 정책을 펴고, 미국과 긴밀한 관계를 구축했다.

이후 몇 년간 남북 간의 긴장이 계속 고조되었다. 2009년 11월 양국 선박들이 해상에서 포격을 주고받았다. 5개월 뒤 북한은 남한의 해군함 천안함을 침몰시켰고 46명의 해군 병사가 사망했다. 이번 공격은 국제연합군이 서해안에 설정했던 한계선NLL 남쪽에서 발생했지만, 북한은 이 한계선을 분쟁 지역이라 여기고 있었다. 천안함 사건으로 남한은 북한과의 모든 무역을 중단했다. 그 후 2010년 11월, 북한은 천안함이 침몰한 곳에서 멀지 않은, 연평도에 있는 남한의 군사 시설을 포격했다. 군용 건물과 민간 건물 모두 피해를 보았다. 4명이 숨지고 20명 이상이 부상당했다. 북한의 연평도 포격은 군사 분계선의 긴장이 고조된 결과로 해석되는 것이 합당하지만, 남한 대중의 반응은 매우 격렬했다. 남북한이 서로 거래할 수 있다고 생각하는 사람들의 수는 급격히 감소했다. 군사 분계선에서 불과 50킬로미터 정도 떨어진 서울에서는 인구 1,000만 명 중 대다수가, 여론조사가 시행된 이래 가장 높은 수치로 전쟁에 대한 공포를 느꼈다.

한반도에 다시 긴장감이 고조되면서 중국은 매우 현실적인 딜레마 상황에 놓였다. 북한과의 관계개선을 시도한 후진타오와 그의 동료 지도자들(이들은 매우 현실주의적 지도자들이었다)은 김정일의 도발을 두고 중국이 공개적으로 대북 비판을 해서는 안 된다고 생각했다. 하지만 사적으로 중국 특사들은 북한이 불장난을 하고 있다고 말하기도 했다. 그러나 공식적으로 중국 정부는 2010년 두 번의 공격을 두고 언급을 자제했다. 전 세계가 북한을 비난했지만, 중국은 침묵했다. 결과는 남한과의 관계 악화, 특히 중국을 바라보는 남한 여론이 악화되었다. 남한 젊은이들은 중국이 북한의 공격성을 부추기고 중국이 한반도의 분단 상태를 유지하기를 원한다고 생각하기 시작했다. 중국을 긍정적으로 생각하는 남한인의 수는 2000년대 초반부터 2010년대 후반까지 약 절반 정도 감소했다. 심지어 중국 안에서도 중국공산당의 공식적인 대북 정책에 대한 반대 목소리가 나타나기 시작했고, 김정일에 비판적인 인터넷 여론과 지식인들의 발언이 늘어났다.

　중국 내에서 중국 지도부의 북한 지지가 이상해 보인 가장 큰 이유는 중국 대중 사이에서 남한의 소프트파워soft power가 커졌기 때문이다. 많은 중국인은 남한을 진심으로 우러러보았다. 그 이유 중 일부는 남한의 민주화 개혁이었지만, 대부분은 남한의 경제적 성공과 TV 시리즈와 영화, 음악, 자동차, 전자제품, 화장품에 이르는 매력적인 상품 덕분이었다. 2000년대 초반부터 중국 내 '한류'식 소비 열풍이 불면서 남한은 중국인이 선호하는 관광지가 되었다. 인기 TV 시리즈의 촬영장소가 특히 인기 있었다. 남한 스타일의 성형 수술은 그들이 가장 좋아하는 남한 음악인이나 영화배우처럼 보이기를 원했던 부유한 중국인들 사이에서 유행했다. 대부분의 중국인이 남한을 동경하는 이유는 전혀 정치적이지 않았으나 어떤 중국인들은 왜 중국 지도자들이 북한을 선호하는 것처럼 보이는지를 공개적으로 따지기 시작했다. 대다수의 중국인에게 남북한의 성공과 실패는 어떤 식으로는 큰 문제가 아니었다. 다른 모든 외교 문제와 마찬가지로 이러한 문제는 2000년대와 2010년대 중국 자신의 빠른 발전 속에서 불거진 여러 문제 중 하나일 뿐이었다. 나의 경험에 따르면 많은 일반 중국인들은 남한과 북한을 서로 다른 나라로 보고 있으며, 한반도가 어떻게 그리고 왜 분단되었는지를 몰랐다.[13]

　2011년 김정일이 70세의 나이로 사망했다. 김정일은 지도자가 되기 전에도 건강이 좋지 않았지만, 담배를 즐기고 고지방 음식을 좋아했기에 건

---

13) 이와 같은 오해는 두 나라가 중국어로 서로 다른 이름으로 불리기 때문에 더욱 심해졌을 것이다. 중국어로 북한은 '조선(朝鮮)', 남한은 '한국(韓國)'으로 불린다.

강을 더 해쳤다. 북한 당국은 김정일의 사망을 발표하기 위해 이틀을 기다렸다. 이는 김정은 후계 체제가 등장하기 위해서 일정한 시간이 필요했다는 사실을 보여준다. 김정일이 둘째 아들 김정은을 후계자로 낙점한 것은 분명했지만, 김정은은 28세에 불과했고 통치 경험이 전혀 없었다. 김정은은 어린 시절 스위스에 있는 기숙학교에 다녔기 때문에 적어도 바깥 세상을 조금은 알고 있었다. 그러나 북한에서 중요했던 것은 김정은의 혈통이었고, 김정은은 누가 보더라도 열정적으로 독재자의 후계자 업무에 나섰다. 마지막까지도 북한의 후계 구도를 바라보던 중국 역시 이를 보고 깊은 한숨을 내쉬었다. 베이징에서 한반도 업무를 담당하던 이는 나에게 이웃 나라에 마르크스-레닌주의 왕조가 존재한다는 사실이 중국 지도부로서는 여전히 낯설다고 고백했다.

김정은과 주변의 보좌진이 김씨 왕조의 북한 장악력을 공고히 하기 위해 노력하는 동안, 북한은 대외적으로 공세적인 행보를 보였다. 2012년에 북한은 또 다른 인공위성을 발사하는 데 성공했다. 그다음 해에 북한은 또다시 더 큰 핵실험을 강행했다. 다수의 미사일 실험을 거치며 2017년 북한은 동해상으로 4발의 탄도미사일을 발사했고, 미국까지 도달할 수 있다는 대륙간 탄도 미사일 발사도 감행했다. 그리고 그때쯤 북한은 최초의 수소폭탄 실험도 감행했는데, 그 폭발력은 250킬로톤으로 북한의 초기 핵실험보다 규모 면에서 수백 배 컸다. 북한은 또한 대외적으로 장거리 미사일에 장착할 수 있는 핵무기 소형화에 성공했다고 발표했다. 2017년 초 취임한 도널드 트럼프Donald Trump 미국 행정부는 북한의 핵무기 소형화를 제일 우려했으며, 김정은과 북한 정권을 향한 여러 위협적인 성명을 발표했다.

젊은 김정은이 평양에서 권력을 장악해나가는 동안 시진핑習近平은 중국공산당의 총서기가 되었다. 시진핑은 전임자의 한반도 정책을 유지하고자 했다. 그러나 북한의 강경한 노선으로 인해 기존의 접근법을 유지하기란 쉽지 않았다. 시진핑의 일부 외교정책 보좌진은 북한의 공세적인 대외정책이 김정은이 자신이 권좌에 어울리는 강인함과 강건함이 있다는 사실을 보여주기 위한 것이라고 설명했지만, 시진핑은 북한의 행동을 더 비관적으로 바라보고 있었다. 시진핑과 그 측근은 중국이 국제 문제에 있어서 중국의 새로운 지위에 맞는 좀 더 강력한 정책을 원했다. 이는 중국-미국 관계, 중국-일본 관계, 그리고 동남아시아와 인도에서 벌이고 있는 영토 문제와도 관련된 것이었다. 그러나 많은 중국 지도자들이 북한의 젊은 최고 지도자가 군사적 모험주의로 중국을 무시했다고 생각하고 있었기에 중국-북한의 관계 역시 이 영향을 받았다. 2013년 김정은이 고모부 장성택(그는 중국 지도자들과 친밀한 관계를 유지했다고 알려져 있다)을 반역자란 이유로 처형했을 때, 중국의 김정은 불승인 정책이 본격화되었다. 중국은 북한을 향한 국제연합의 새로운 제재 결의안에 동의했고, 북한에 대한 비난 여론은 더욱 거세졌다. 한편 중국은 그 이전에는 볼 수 없는 수준으로 중국-북한 국경에서 제재를 시행했다. 2017년 여름, 중국은 북한에 대한 석유 지원을 대폭 줄였고, 이는 최근 북한이 보여준 행보에 대한 중국의 명백한 거부감의 표현이었다.

북한은 굴복하지 않았다. 그 대신 자체적인 반중 선전을 시작했다. 젊은 지도자 김정은이 대중 앞에서 공개적으로 중국과의 친밀한 관계를 자랑했으나, 북한의 언론은 중국을 향한 공격을 감행했다(이는 분명히 지도자의 격려하에 이루어진 것이었다). 이 중 한 글은 "명색이 대국이라고 자처하는 나라가 줏대도 없이 미국의 장단에 춤을 추면서도 마치도 저들의 너절한 처사가 우리의 인민 생활에 영향을 주려는 것은 아니며 핵 계획을 막기 위한 것이라고 변명하고 있다."[14] "만일 그들이 우리의 의지를 오판하고 그 누구의 장단에 춤을 계속 추면서 우리에 대한 경제제재에 매여 달린다면 우리의 적들로부터는 박수갈채를 받을지 모르겠지만, 우리와의 관계에 미칠 파국적 후과도 각오해야 할 것"이라 강조했다.[15] 중국이 이전에 북한 정권을 얼마나 많이 도와주었는지와 관계없이, 중국-북한 관계는 다시 얼어붙는 듯 보였다. 북한의 성명으로 중국공산당의 최고위 외교정책 보좌진은 더 나은 한반도 정책을 고안하기 위해 발 빠르게 움직였다. 왕양王陽 중앙정치국 상무위원은 중국을 방문한 일본 공명당 대표에게 2017년 12월 다음과 같이 발언했다. "과거에는 피로 굳어진 관계였지만 핵 문제 때문에 양측 입장이 대립하고 있다."[16] 한중 관계사에 조예가 깊은 중국의 저명한 역사학자는 공개적으로 다음과 같이 발언했다.

북한과 남한을 살펴보면 누가 중국의 친구이고 누가 중국의 적인가? 겉으

---

14) *Washington Post*, February 23, 2017(옮긴이-이는 「너절한 처사, 유치한 셈법」, 『조선중앙통신』 2017년 2월 23일 기사이다.).

15) *Associated Press report*, April 27, 2017(옮긴이-이는 「남의 장단에 춤을 추기가 그리도 좋은가」, 『조선중앙통신』 2017년 4월 21일 기사이다).

16) Katsuji Nakazawa, "Mao Zedong and the roots of the North Korea nuclear crisis," *Nikkei Asian Review*, January 1, 2018에서 인용.

로는 중국과 북한이 동맹국이고, 미국과 일본이 북한에 맞서는 남한을 도와주고 있는 듯 보인다. 그것은 냉전의 유산이다. 그러나 나는 수십 년간의 대립과 국제 지형의 변화로, 오래전에 이미 근본적인 변화가 있다고 본다. 현재 상황에 비추어볼 때 나의 기본적인 결론은 북한이 중국의 잠재적 적이고, 한국은 중국의 우방일 수 있다는 것이다.[17]

중국의 문제는 북한과의 관계가 나쁘면 남한과의 관계도 좋지 않다는 점이다. 2000년대 후반의 중국의 한반도 정책으로 남한 내에 존재했던 중국을 바라보는 호의적인 여론이 상당수 사라졌다. 그러나 북한의 도발에 대한 남한 보수 정부의 대응 역시 중국으로서는 경계의 대상이었다. 독재자 박정희의 딸인 박근혜가 2012년 12월 대통령에 당선되었다. 박근혜 정부는 남한 내에 새로운 미사일 방어망의 설치를 미국에 요청하기로 했고, 미국 정부는 그러한 방어망을 공급하는 데 열정적이었다. 미국이 개발한 고고도미사일방어Terminal High Altitude Area Defense, THAAD를 남북한 접경에 설치하기로 합의가 이루어졌다. 중국은 이 무기가 중국의 대미 공격 능력을 낮추려는 미국의 세계적 노력의 일환이라는 판단하고 이와 같은 조치에 항의했다. 남한이 사드 배치 취소를 거부하자, 중국은 남한 기업을 향한 징벌적 조치와 남한을 관광하려는 중국인 관광객 수를 제한했다. 현재 중국-남한 관계에서 중요한 신호는 중국 내 K-팝 밴드와 배우들이 출현하는 여러 행사가 취소되었다는 사실이다. 중국 정부의 방송 규제로 남한

---

17) "Excerpts From a Chinese Historian's Speech on North Korea," *New York Times*, April 18, 2017(옮긴이－이는 선즈화의 발언이다).

TV 프로그램이 금지되고, 남한 온라인 게임의 승인을 중단했다. 중국은 공기청정기와 화장품에 이르는 많은 남한산 제품을 안전 문제를 이유로 금지했다. 이와 같은 중국공산당 정권의 조치를 중국 젊은이들은 별로 좋아하지 않았지만, 남한 경제에 부정적인 영향을 미쳤다는 점은 확실하다.

남한의 첫 여성 대통령이었던 박근혜가 부패와 정치적 외압 사건으로 2017년 스스로 무너지자, 남한의 진보파에게 권력을 잡을 수 있는 기회가 왔다. 그리고 문재인이 새로운 대통령이 되었다. 문재인은 남북한 관계, 중국과의 관계개선에 있어 큰 기대를 받았지만, 핵무기와 미사일을 둘러싼 대립(사드 문제는 말할 것도 없이)이 계속되면서 관계개선은 쉽지 않았다. 문재인이 이 난관을 돌파할 가능성은 적어 보였다. 2017년 8월 도널드 트럼프 미국 대통령은 북한이 뉴욕까지 갈 수 있는 핵미사일을 공개적으로 자랑하자 김정은에게 "북한이 미국을 더 위협하면 북한은 지금껏 전 세계가 보지 못한 화염과 분노에 직면하게 될 것이다. 그(김정은)는 정상 상태를 넘어 매우 위협적이었다. 금방 말했듯이 세계가 보지 못했던 화염과 분노, 솔직히 말해 힘에 직면할 것"이라고 경고했다.[18] 세계는 매우 위험한 핵 위기로 나아가고 있는 듯 보였다. 그러나 2018년 3월 트럼프 대통령

---

18) 트럼프 대통령의 발언에 대해서는 https://abcnews.go.com/Politics/trump-north-korea-met-fire-fury-threats-continue/story?id=49097627. 북한은 "우리나라에서 태평양과 미 본토의 중심을 넘어 대서양과 면해있는 북동부 뉴욕까지의 거리는 10,400킬로미터 정도이다. 오늘 우리에게 있어서 이만한 정도의 거리는 결코 먼 거리가 아니다. 그보다 더 멀리 떨어져 있어도 미국의 모든 곳은 우리의 타격권 내에 들어있다. 미국은 이것이 현실로 증명될까 봐 불안에 떨고 있다. 우리가 미국 본토 임의의 곳을 정밀타격할 수 있는 대륙탄도로케트의 발사를 단행하는 경우 핵위협 공갈과 전쟁 도발을 기초로 한 미국의 대조선적대시정책이 종말을 고하기 때문이다." https://abcnews.go.com/International/fire-fury-rocket-man-barbs-traded-trump-kim/story?id=53634996)(옮긴이-이는 「미국의 대조선적대시정책의 총파산은 력사의 필연이다」, 「로동신문」 2017년 6월 10일 기사이다).

은 문재인 대통령의 제안을 받아 김정은과의 정상회담에 전격적으로 합의했다. 남한 사람들과 세계의 대다수는 이와 같은 행운을 믿을 수 없었다. 그러나 중국은 이와 같은 새로운 외교적 전개에서 2선으로 밀려나 있었다. 비록 김정은은 베이징을 40일의 간격을 두고 두 번이나 방문했지만 말이다. 김정은의 중국 방문은 집권 7년 만의 첫 번째 외국 방문이었다. 김정은은 한반도를 가르고 있는 비무장지대DMZ에서 문재인 대통령을 두 번 만났다. 트럼프와의 북미 정상회담은 2018년 6월 싱가포르에서 개최될 계획이었다. 그러나 이 만남은 별다른 성과를 거두지 못했고, 2019년 하노이에서 후속으로 열린 북미 정상회담도 구체적인 합의를 이루지 못하고 끝났다. 그러나 적어도 그 순간만큼은 무력 과시보다 외교가 낫다는 사실에 모두가 동의했다.

한반도에서 핵 위기가 격화된 이후, 중국은 모든 급변 사태를 상정하고 군사적인 차원에서 준비를 해오고 있었다. 2017년 중국인민해방군의 재편성 이후, 한반도에서의 전쟁 공포가 중국의 군사 계획에 얼마나 영향을 미쳤는지를 확인할 수 있다. 중국의 둥베이東北 지방과 산둥반도를 지휘하는 중국인민해방군의 북부전구는 20만 명 이상의 3개 집단군으로 구성되어 있다. 선양瀋陽에 본부를 둔 제79 집단군은 중국이 한반도에 개입한다면 그 선봉을 맡는다. 제79 집단군은 중국 최고의 정예부대이자 최고의 장비를 갖춘 부대로, 공군 부대, 탱크 대대, 공격 및 보급 헬리콥터, 육·해군 특수부대, 무장 경찰의 지원을 받는다. 이들 부대는 모두 해외 작전을 위한 특수 훈련을 받았고, 일부 부대원은 조선어(한국어)를 구사할 수 있다. 중국 총참모본부의 제2부와 제3부는 각각 해외 군사 첩보(총참 2부)와 사이버 작전(총참 3부)을 담당하는데, 이들 역시 한반도에서의 활동을 목표로 선양에 작전본부를 두고 있다. 명령만 하달된다면 중국 군사 지도자들은 최소 몇 시간 내에, 국경을 넘어 북한 내에 적어도 80킬로미터의 완충 지대를 확보할 것이라는 점은 분명해 보인다.

한편 중국과 북한 간 제한적인 무역이 계속되고 있다. 북·중 무역은 김정은 정권의 경제 생존의 생명줄이자 중국은 북·중 무역을 통해 북한을 개혁으로 이끌기를 희망했다. 대북 무역을 통해 만주 지역의 기업인(몇몇은 군부와 연줄이 있다)이 큰 부를 축적했다. 밀수가 성행하고 있으며, 대북 제재에도 불구하고 중국산 기계제품과 소비재들이 북한에 쉽게 들어오고 있다. 몇몇 중국 기업인은 북한 경제가 중국의 무역과 투자에 완전히 개방되어, 아시아에서 가장 낙후된 시장으로 진출하기를 원하고 있다. 그러나 아직 그런 기미는 보이지 않는다. 대신 북한의 국가 기업들은 여성 속옷, 가발, 인조 속눈썹 등 제재 대상이 아닌 품목을 중심으로 대중국 수출에 주력하고 있다. 2010년대 초에 설립된 중국-북한 국경 지대의 궈먼완國門灣 호시 지구는 이용률이 높지 않다.

중국과 미국 모두에게 남북한 관계는 점점 더 중국-미국 관계의 전반적인 관계의 일부로 여겨지고 있다. 중국 경제의 괄목할 만한 성장으로 중국은 거의 200년 동안 누리지 못했던 지역적 그리고 지구적 위상을 지니게 되었다. 동아시아의 여러 나라가 중국이 국제 문제에서 주도권을 쥐기를 바라지만 동시에 중국의 급속한 성장에 두려움을 느끼거나, 분개하기도 했다. 특히 중국의 군사력 증강은 이웃 국가들의 우려를 자아낸다. 중국의 방위비는 이제 다른 모든 동아시아 국가와 인도, 러시아를 포함한 액수보다 크다(물론 아직 중국의 방위비는 미국의 3분의 1 수준이다). 중국을 미국 주도의 국제 질서에서 사회화하기 위해 중국의 국제 자본과 시장의 접근권을 완화해주었던 한 세대를 보냈지만, 이제 대부분의 미국 지도자들은 중국을 지구적 경쟁자이자, 잠재적 적으로 보기 시작했다.

중국-미국 관계의 미래가 한반도 내의 상황과 중국-한반도 관계의 많은 부분을 결정할 것이다. 그러나 그것만이 유일한 결정 요인은 아니다. 북한의 국내 상황은 북한이 인민을 먹여 살리지 못하거나, 앞으로 더 나은 삶을 살 수 있을 것이라는 희망을 주지 못한다면 잠재적으로 불안정할 것이다. 북한 사람들은 세계 그리고 남쪽의 동포들과 더 연결되기 시작했다. 점점 더 많은 북한 사람이 다른 사람들이 어떻게 살고 있는지 알고 있고, 다른 사람들이 누리는 편리함을 누리기를 원하고 있다(현시점에서는 불가능한 것으로 보이지만 말이다). 이는 젊은 지도자 김정은이 2017년 말에 조선민주주의인민공화국이 "국가 핵 무력 건설의 역사적 대업을 빛나게 완수"를 선언한 이후, 경제를 군사력의 증강이 아닌 민간 영역에 집중하는 이유이기도 하다.[19] 그러나 중국인들이 종종 관찰하고 있듯이 김정은은 자유화가 정권 자체를 위험에 빠뜨릴 수 있다고 우려하며, 국가 경제를 빠르게 발전시킬 수 있는 경제적 조치를 취하는 것을 두려워하고 있다. 한편 2018년 여론조사에서 91퍼센트의 남한인은 중국이 현재나 앞으

---

19) Uri Friedman, "North Korea Says It Has 'Completed' Its Nuclear Program," *The Atlantic*, November 29, 2017, https://www.theatlantic.com/international/archive/2017/11/north-korea-nuclear/547019/.

로도 한반도의 통일을 원하지 않는다고 생각하고 있다. 반면 남한인의 한반도 통일에 대한 지지는 높은 수준이지만, 통일에 대한 전망은 점점 더 다양해지고 있다. 특히 젊은 남한인은 통일이 한반도인이 추진하는 점진적인 과정이라 생각한다. 그들은 중국과 미국을 포함한 외부의 강대국이 한반도의 통일 문제에서 역할을 하는 것을 점점 더 원하지 않는다.

중국–한반도 관계사에서
우리는 무엇을 배울 수 있는가?

앞서 살펴보았듯이 지난 600년간 중국과 한반도는 친밀하지만 복잡한 유대 관계를 형성해왔다. 서로 다른 언어를 사용하는 집단 중에서 놓고 본다면 중국과 한반도는 문화적 측면에서 매우 친밀했다. 그리고 이 둘은 놀라울 정도로 유사한 믿음 체계, 상징과 전통을 지녔다. 게다가 중국과 한반도는 상호작용과 모방을 통해 서로 간의 유사성을 알고 있었다. 때로 이 둘은 매우 흡사해서 무엇이 한반도적이며 중국적인지를 구분하기란 쉽지 않았다. 우리가 살펴본 것처럼 이들이 공유한 역사는 선망, 그리고 때로는 원망으로 가득 차 있다. 이 이야기의 핵심은 문화·역사적 근접성에도 불구하고, 조선과 조선을 뒤이어 등장한 한반도의 국가들이 바로 옆의 제국에 맞서 정치적 자율성을 지켜냈다는 점이다.

바깥에서 제국을 다루는 일은 항상 어렵다. 특히 그 제국이 하필 바로 옆 나라일 때는 더욱더 그러하다. 많은 아시아인, 유럽인, 아랍인 그리고 아프리카인(그리고 아메리카 원주민과 호주 원주민은 말할 것도 없이) 들은 과거 천 년 동안 인접한 제국을 다루는 데 있어 어려움을 겪었다. 원하든 원하지 않든 제국에 흡수될 가능성이 항상 존재했다. 책의 전반부에서 논의했 듯이 모든 제국이 다 같지 않았다. 그러나 성공적인 제국주의 사업을 위 해서는 타자를 복종에서 포섭으로 끌어내는 지역이나 지구 질서 차원의 중심이 있어야만 했다. 그런 의미에서 볼 때 한반도가 600년간 어떤 형태 로든 독립을 유지한 것은 결코 쉬운 일이 아니었다.

　한반도가 제국에 한 번도 편입되지 않은 데에는 여러 가지 이유가 있 다. 하나의 이유는 복합 주권complex sovereignty이라고 이름 붙여볼 수 있다.[1] 유럽식 베스트팔렌 체제와 달리 아시아 제국과 국가는 오래전부터 모든 국가의 완전한 주권의 평등은 키메라chimera처럼 비현실적이라는 사실을 인식하고 있었다.[2] 특히 이는 제국의 가장자리에 있는 소국에는 매우 분 명했다. 수 세기 동안 조선은 명과 청 제국의 봉신국vassal이라는 자기 정체 성을 세웠다. 이는 예로부터 조선은 국내 문제를 스스로 처리했지만, 국 방과 외교를 제국에 의존했다는 점을 의미했다. 조선인은 만약 제국이 그 들을 상대로 무력을 쓰기로 하면 기존의 관례가 무용지물이라는 사실 역 시 잘 알고 있었다. 그래서 그들은 독립을 위한 준비를 꾸준히 해왔다. 그 러나 이와 같은 관례가 아무런 의미가 없었다고 말할 수는 없었다. 조선 인에게 편입의 정도와 주권의 영역을 설정하는 기존의 관행은 한반도의 안보를 확보하고, 동시에 고도로 문명화된 유교 국가라는 자기 정체성 의 일부이기도 했다. 복합 주권은 중국과 한반도 양쪽이 할 수 있는 것

---

1) '주권'을 아시아의 역사에 적용하면 이는 대부분 배타적이라기보다는 분할적(shared)이었고,
　평등하기보다는 위계적(layered)이었으며 절대적이라기보다는 상대적(relative)이었다. 충성(allegiance,
　loyalty), 복종(subjection)의 경우도 마찬가지였다. Timothy Brook, M. C. van Walt van Praag, and Miek
　Boltjes, eds., *Sacred Mandates*, p.16.
2) 물론 유럽에서도 베스트팔렌 체제는 실제라기보다는 이론에 가까운 측면이 있었다.

을 제한했다. 그러나 이는 단순히 부정적인 것은 아니었다. 복합 주권은 중국과 한반도에 자신의 강점을 극대화할 수 있는 정체성을 제공했다는 점에서 긍정적이었다. 이를 통해 제국은 자비롭고, 권위를 지닐 수 있었으며, 조선은 문명화되고, 확고한 자세를 유지하면서 제국의 신뢰를 얻었다.

한반도가 독자성을 유지할 수 있었던 또 다른 이유는 아마도 복합 특수성compound singularity이라 불러볼 수 있다. 이는 한반도인이 어떻게 그들 자신이 다른 이들과 구분되며, 또 특히 20세기에 이르러서는 한반도가 독특한 존재라고 생각하는지를 설명하는 개념이다. 동시에 그들은 옆의 제국과 문화·정치적 연대를 인식했다.[3] 신화와 역사는 중국과 연결되어 있으면서도 구분되는 존재로서의 한반도를 상상하는 데 중요한 역할을 했다. 그리고 한반도의 엘리트들은 상상의 정체성, 소위 우리가 민족이라고 부르는 여러 특성을 발전시켰고, 이들 중 일부는 중국의 지배자들에게도 수용되어 한반도를 바라보는 특유의 관점을 형성했다. 조선은 충성심, 성실성, 그리고 결단력이 한반도의 자질이라 설명했고, 이는 중국 제국의 일부 엘리트들이 조선을 바라보는 시각이기도 했다. 다른 정체성은 청 제국에 대한 반감과 함께 형성되었다. 조선인은 중국인, 혹은 중국의 지배자보다 유교와 의리의 수호자 측면에서 자신들이 더 낫다고 생각했다. 나는 이와 같은 한반도인의 복합 특수성을 설명하는 개념으로 '민족주의'를 사용하는 것이 가능하다고 본다. 이때의 민족주의는 매우 독특한 종류의 민

---

3) 20세기 초의 상황에 대해서는 André Schmid, "Decentering the 'Middle Kingdom': The Problem of China in Korean Nationalist Thought, 1895–1910," Timothy Brook and André Schmid, eds., *Nation Work: Asian Elites and National Identities*(Ann Arbor: University of Michigan Press, 2000), pp.83–107.

족주의이지만 말이다. 한반도의 민족주의에 있어 민족주의적 요구의 확장만큼이나 제한이 중요하며, 또 여러 문화적 차용과 혼종성을 인정한다는 의미에서 그러하다.

그러나 우리가 조선 시기에 한반도적 민족 개념이 있었다는 것을 인정하더라도 20세기 형태의 민족주의는 과거의 정체성을 이어받아 체계화하고 이를 훨씬 더 응집력 있고 배타적인 것으로 만들었다. 유럽의 민족주의 모델에 영향을 받은 이와 같은 새로운 형태의 민족주의는 민족을 매우 좁게 정의하며, 민족 이외의 다른 모든 정체성을 배제하려 했다. 우리가 이미 살펴보았듯이 한반도에서 이 과정은 일본의 식민화에 대한 반발로 더욱 강화되었다. 중국에서 중국 민족주의자들은 제국을 민족으로 새롭게 형성한다는 불가능한 도전에 직면했다. 끝내 공산주의가 다음과 같은 해결책을 제시했다. 중국공산당이 과거 청 제국의 경계 아래 사는 모든 인민을 대표한다는 선언이다. 중국공산당은 55개의 '소수민족'과 현재 인구의 96퍼센트를 구성하는 '한족'이 결합된 '중화민족中華民族'을 적어도 이론적인 수준에서 창출해냈다.[4] 이 중화민족 개념은 현재의 중화인민공화국과 대만을 모두 포함하는 중국 국가國家 아래 사는 모든 인민이 아주 오래전부터 중화민족에 속해 있었다고 가정한다.

그 기원과 실체의 측면에서 상당한 차이가 있지만, 한반도와 중국에서의 현대 민족주의는 모두 과거의 복합적인 주권 형태를 이해할 여지를 줄

---

4) 최근에 이는 시진핑의 '중화민족의 위대한 부흥을 실현하는 것이 중화민족의 근대 이래 가장 위대한 꿈이다(實現中華民族偉大復興, 就是中華民族近代以來最偉大的夢想)'라는 말로 유명세를 탔다. 2012년 11월 29일 시진핑의 연설은 http://cpc.people.com.cn/xuexi/n/2015/0717/c397563-27322292.html.

이고 있다. 반대로 그들은 '민족'을 위한 완전히 독립적인 단일 국가를 상상한다. 이는 민족주의적 관념과 실천에서 나올 수 있는 유일한 선택지이다. 중국과 한반도 관계에 대한 민족주의자들의 생각은 국제 체제의 다른 국가들과의 관계와 다를 바가 없다. 그 기원과 지향에 상관없이 한반도 민족주의자들에게 중국은 큰 나라이고, 가깝기에 중요한 나라이지만 모든 면에서 한반도와 구분될 수 있는 또 다른 나라일 뿐이다. 이 점에서 남북한의 중국 인식은 큰 차이가 없으며, 다른 나라를 대하는 북한의 민족주의는 남한보다 강하기도 하다.

그러나 중국과 한반도에서 현대적 형태의 민족주의가 강한 영향력을 행사하고 있지만, 역사와 문화 그리고 지리를 완전히 부정할 수는 없다. 오늘날 중국공산당 지도부가 중국-한반도 관계를 특별한 관계라 생각하는 것은 분명하다. 중국과 한반도는 과거를 공유하고 지리적으로 인접해 있기 때문이다. 이러한 연결감은 중국과 광범위한 국경에 맞닿아 있는 다른 나라들과의 관계와 비교해볼 때도 특별하다. 중국공산당이 지켜봤던 한국전쟁의 경험은 특히 그 인상이 강렬하다. 베이징에서 수많은 관료와 한반도 문제를 토의해본 결과, 나는 한반도를 향한 중국의 독특한 가부장적인 책임감이 여전히 존재한다는 것을 느낄 수 있었다. 민족주의를 포함한 여러 대의명분을 이유로 자국 인민의 목숨을 기꺼이 희생시킬 수 있었던 중국공산당은 북한 정권이 막대한 인간사의 비극에 책임이 있다는 사실에 그다지 주목하지 않았다. 더 중요한 것은 북한이 적어도 겉으로는 동아시아 지역에 있어 중국의 지도력을 인정하고 있으며, 북한이 중국이 아닌 다른 외세의 간섭을 받고 있지 않다는 점이었다. 한 전직 고위 관료가 나에게 설명해주었듯이 조선민주주의인민공화국이야말로 미국의 영향을 받지 않았다는 점에서 진정한 한반도 국가였다. 반면 남한은 미국의 통제 아래 오염되었고, 따라서 순수한 한반도 국가가 아니었다.

우리가 이 책에서 살펴보았듯이 인접성은 중국과 한반도 모두에게 매우 중요한 문제이다. 중국 측 입장에서 보면 16세기와 20세기의 경우처럼 외부자와 한반도 세력이 손을 잡는 일은 전략적 차원에서 볼 때 큰 위협이다. '순망치한脣亡齒寒'의 '이와 입술'의 관계는 요즈음의 중국과 한반도를 논할 때 자주 나오는 말이다. 이는 본질적으로 한반도(현재의 경우 북한)가 중국과 외부 세력 사이의 완충 지대 역할을 해야 한다는 관점에서 나온 말이다. 이는 한반도 민족주의자가 받아들이기 힘든 주장이라 할 수 있다. 그러나 남한에서도 '순망치한'은 한반도가 중국에 있어 얼마나 중요한 지역인지를 논하는 근거로 사용된다. 여기에는 한반도 통일이 중국과의 관계개선을 통해서 이루어진다고 주장하는 세력이나, 한미 동맹의 약화가 전 한반도에서 중국의 패권 확립으로 이어질 것을 우려하는 세력 모두 포함된다.

또 북한이 서구 제국주의에 물들지 않았다는 시각을 제외한다면, 오늘날 이데올로기가 중국-한반도 관계에 어떤 영향을 미치는지를 판명하기는 어렵다. 조선민주주의인민공화국과 중화인민공화국 모두 공산당이 이끄는 사회주의 국가를 표방하고 있지만, 현재 조선민주주의인민공화국에 친밀감을 느끼는 중국 지도자들은 매우 소수라는 사실은 분명하다. 북한과 중국 사회는 매우 달라졌으며, 이제 중국은 평범한 북한 사람이 상상할 수 있는 범주를 넘어선 풍요와 자유를 누리고 있다. 사적인 자리에서 중국 관료들은 북한의 후진성과 완고함에 고개를 젓는다. 이는 19세기 조선을 바라보는 청나라 관리들의 태도를 닮아있다. 그러나 중국 내에서는 북한이 미국과 일본에 맞서는 방식을 두고 일종의 동정심과 감탄도 존재한다. 조선민주주의인민공화국을 어떻게 다루어야 할지를 두고 중국 내에서 다양한 의견이 있다. 그러나 한국전쟁을 통한 공동의 희생, 북한이 중국처럼 '인민공화국'이라는 사실로, 가장 현실정치Realpolitik에 가까운 생각을 하는 중국 지도자들도 쉽사리 조선민주주의인민공화국에서 완전히 손을 떼기 쉽지 않다. 한편 중국공산당 내에서는 남한의 활력 있는 민주주의와 열린 사회가 중화인민공화국에 위협이라 우려하는 목소리도 있다. 특히 중국 국경 바로 앞까지 남한이 확장될 때는 그 위협은 가중될 것이다.

우리가 이미 살펴본 것처럼 남한에서 중국을 바라보는 시각이 빠르게 바뀌고 있으며, 이는 중국에 유리하지 않다. 폭발적으로 늘어나는 중국-남한의 경제적 상호작용과 남한의 진보와 좌파 세력이 미국을 향해 느끼고 있는 뿌리 깊은 회의감을 고려할 때, 어떤 이들은 오늘날 남한이 중국과의 관계를 우선시했을 것으로 예측했을지도 모른다. 그러나 여론의 측면에서 보면 정반대의 일이 일어났다. 중국이 남한을 향한 북한의 공격에 침묵하고, 사드 문제 이후 남한 기업을 향한 보복을 시도하고, 그리고 남한에서 새로운 진보 정부의 출현 이후에도 중국이 보여준 미온적인 태도로, 많은 남한 지도자들이 향후 동아시아 지역에서 어떤 일이 발생하더라도 중국이 신뢰할 만한 동반자가 아니라고 여기기 시작했다. 대신 많은 남한인은 중국이 민족의 통일을 방해하는 장애물이라 생각하기 시작했으며, 일부는 중국의 장기적인 목표가 북한을 사실상 병합하여 중국의 통제 아래 두려고 한다는 의구심을 품었다.

중국의 엄청난 경제 성장은 외교력이나 정치력으로 쉽사리 바뀌지 않았다. 특히 골치 아픈 한반도 문제에서는 더욱 그랬다. 이는 많은 젊은 중국 지도자에게 일종의 놀라움으로 다가왔다. 중국 지도자들이 믿고 있는 민족주의, 그리고 그들이 정책은 동아시아의 모든 국가가 지역에서의 중국의 중심성을 점차 인정하리라는 가정에 기초해 있다. 이는 일대일로一帶一路 구상, 아시아인프라투자은행Asian Infrastructure Investment Bank, 그리고 상하이협력기구Shanghai Cooperation Organization에 반영된 가정이다. 중국 지도부는 미국과 일본이 중국의 지역적 위상을 향한 도약을 지연시키리라 추측하지만, 이와 같은 시도가 성공할 것이라고 보지 않는다. 중국의 견해는 시간이 조금 걸리겠지만, 동아시아 지역은 미국보다 중국의 협조가 더 필요하다는 것이다. 한반도, 특히 북핵 위기는 중국 지도부가 볼 때 예정된 중국의 지역적 패권이 잘 작동하지 않는다는 점을 상기시켜주는 달갑지 않은 사례이다.

그러므로 오늘날 중국에서 한반도 문제에 대한 견해는 중화인민공화국이 수립된 이래로 아마도 가장 다양할 것이다. 적어도 현재 상태의 다수 의견은, 한반도의 안정이 중국에 최선이라는 것이다. 가장 이상적인 방향은 중국의 주최로 6자 회담이 재개되고, 북한의 완전한 비핵화를 이루는 것(이 가능성은 매우 낮아 보인다) 혹은 국제적 감시 아래 북한의 핵, 미사일 능력을 엄격히 제한하는 합의를 하는 것이다. 국제적 긴장 완화를 통해서 북한은 적어도 제한적인 내부 경제 개혁에 착수하여 정권 붕괴의 가능성을 낮출 수 있을 것이다. 이러한 한반도 안정 시나리오를 위해, 중국의 현 지도자들은 이와 같은 방향으로 나아갈 수 있는 조선민주주의인민공화국-미국의 양자 협상을 지지할 것이다. 북미 대화가 6자 회담의 틀을 벗어나 있다고 하더라도 말이다. 중국이 택하지 않을 외교적 선택지는 중국이 다자 외교의 틀이 아니라 중국 단독으로 중재자나 보증인 역할을 하거나, 조선민주주의인민공화국이 붕괴할 정도의 강한 압박을 가하는 것이다. 시진핑 중국 국가 주석은 지켜지지 않을 국제적 협약에 책임을 지는 것과 북한 정권이 급격히 변화하는 것 모두 잃을 것이 너무 많다고 판단하고 있다.

이러한 다수 의견의 문제는 한반도의 역사를 통해 보건대 매우 낙관적인 전제조건에 기초해 있다는 점이다. 지금 이 순간 북한은 6자 회담으로의 복귀나 미국과의 양자 협상을 거부하고 있다. 향후 북한이 어떤 형태로든 핵이나 미사일 실험을 재개한다면, 이는 더 큰 위기로 발전할 가능성이 크다. 또 북한이 유의미한 경제 개혁에 나서리라는 전망도 높지 않다. 경제 개혁은 김씨 일가의 사회 장악력을 낮출 것이기 때문이다. 현재 북한은 식량 생산이 부족하며, 2019년 5월 국제연합은 북한 인구의 약 40

퍼센트에 식량 긴급 구호가 필요하다고 보고했다.[5] 미국에 어떤 정부가 들어서더라도 북한의 완전한 비핵화 약속 이외에 다른 선택지에 만족하기란 쉽지 않을 것이다. 남한에서는, 문재인 대통령의 임기가 2022년 초로 끝나며 문재인은 재선에 나설 수 없다. 문재인의 후임자는 아마도 북한에 덜 타협적인 태도를 보일 것이다. 현재 상황에서 장기적 안정의 가능성은 매우 낮아 보인다.

만약 중국이 현재 이상의 역할(북한의 생존에 필요한 원조를 제공하면서, 북한 지도자들의 국내 개혁과 대외적인 강경한 태도를 격려하는 것)을 맡으려 하지 않는다면 한반도 정세는 끊임없는 위기로 나아갈 가능성이 크다. 현재 중국의 한반도 정책을 비판하는 이들은 이와 같은 접근 방식이 지금까지 의미 있는 결과를 가져오지 못했을 뿐 아니라, 향후 북한의 부적절한 행동, 남한의 분노, 그리고 중국의 수동성이라는 3중의 위험을 안고 있다고 주장한다. 비판자들은 이러한 한반도 정책의 결과가 중국-미국 관계뿐만 아니라 결정적으로 중국의 남부와 서부에 있는 이웃 동아시아 국가들과의 관계에 원치 않는 파급 효과를 가져올 수 있다고 주장한다. 중국-미국 관계에 있어 상대적으로 강경파인 중국인 지인(그는 현재 중국 외교정책에 관여하고 있다)은 나에게 북한이 중국의 이익에 더 관심을 두도록 중국이 압력을 행사해야 한다고 주장했다. "만약 부상하는 강대국의 바로 옆의 동맹국이 강대국의 말을 무시한다면, 다른 국가들이 어떻게 그 강대국을 존경하겠는가?" 이를 달리 바꾸어 표현하면 북한이 바로 옆의 강대국인 중국의

---

5) Choe Sang-Hun, "North Korea Urgently Needs Food Aid After Worst Harvest in Decade, U.N. Says," *New York Times*, May 4, 2019.

말을 무시한다면, 예를 들어 필리핀은 왜 중국의 이익에 주의를 기울여야 한단 말인가!

이와 같은 질문은 의심할 여지 없이 과거 명나라와 청나라 조정에서 제기된 질문과 유사하다. 그때에도 한반도 국가가 중국을 대할 때, 심각한 불쾌감을 사지 않고 개입의 위협을 모면할 수 있는 일정한 경계선이 존재했다. 이와 같은 중국과 한반도 사이의 문제는 대체로 제국이 그들의 요구를 명확히 밝히고 한반도인이 적어도 구두로나마 순응하는 방식으로 택하면서 해결되었다. 제국이 개입했던 유일한 사례는 한반도를 두고 다른 세력과 경쟁했을 때였다. 16세기의 도요토미 히데요시, 17세기의 명-청 간의 경쟁기, 19세기 메이지 일본, 20세기의 미국이 그 대상이다. 아마도 역사의 교훈은 여기에 있을 것이다. 남한에 미군이 주둔한다는 사실로 인해 중국은 북한을 향한 영향력을 제한적으로 행사할 수밖에 없지만, 바로 이 때문에 중국은 한반도의 상황이 중국의 이익에 부합하지 않는다고 판단할 때 군사적으로 개입할지도 모른다. 가장 현실성 있는 시나리오는 북한 정권이 갑작스럽고, 예기치 않게 붕괴하는 경우이다. 북한의 붕괴는 외부적 압박으로 일어날 수도 있지만, 북한의 내부적인 국가 기능 실패로 일어날 가능성이 더 크다.

만약 북한이 붕괴하면 중국은 무엇을 할 것인가. 나는 북·중 국경 지대에서 완충 지대를 확보하기 위해 중국이 어떤 형태로든 개입할 것이라 확신한다. 중국 당국은 국경을 넘어 북한 난민이 밀려드는 것을 막기 위해 전력을 다할 것이다. 상황에 따라서 중국이 무엇을 할지가 달라질 것이다. 중국은 북한의 대량살상무기를 확보하기 위해 단독으로 행동하거나, 이러한 성격의 작전을 가장 잘 수행할 수 있는 미국과 협력할 것이다. 그리고 아마도 중국은 북한 주민을 위한 구호 지원에 나설 것이다. 무엇보다도 중국은 한반도 통일의 방식에 결정적인 영향을 주려고 할 것이며, 통일 이후의 중립화와 비핵화를 보장받기를 원할 것이다. 또 중국이 한반도의 통일 협상에 협력한 대가로 남한에 무역 차원의 양보를 요구할 가능성도 있다.

중국의 장기적인 한반도 정책에서의 핵심 딜레마는 다음과 같다. 대부분의 중국의 전문가들은 내심 현 상황보다는 통일되고 번영하는 한반도가 중국에 장기적으로 더 좋으리라고 생각하고 있다. 대다수 중국의 한반도 전문가들은 북한이 현재의 형태로는 장기적으로 생존할 수 없다고 보고 있다. 북한이 생존하기 위해서는 김정은은 지금까지 거부해왔던 국내 개혁을 시도해야 한다. 어떤 이들은 한반도의 긴장 완화가 북한의 시장 개혁의 동기가 되고, 여기에서 중국이 상당한 역할을 행사할 수 있기를 희망한다. 또 이는 남북한의 경제통합에도 긍정적인 영향을 미칠 것이다. 그러나 대부분의 중국 전문가들은 이와 같은 일이 김씨 왕조 체제에서는 불가능하다고 보고 있다. 그러나 한반도 정책에서 현상 유지를 금과옥조로 삼고 있는 현 중국 지도부는 중국에 손해를 입히는 경우를 제외한다면, 북한에서 일어나는 모든 변화를 두려워하고 있는 듯 보인다. 이 딜레마로 인해 일부 동아시아인은 중국 정부의 변화가 있기 전까지 과연 한반도의 근본적인 변화가 가능한지 의문을 품기 시작했다.

북한이 자국민을 향한 대규모 범죄에 책임을 져야 하는 혐오스러운 정권으로 변모한 것은 의심할 여지가 없다. 그러나 북한 정권의 붕괴가 갑작스럽게 일어난다면 16세기 히데요시의 침략이 그랬듯이 동아시아에서 운명의 순간이 도래할 수도 있다. 중국이 자국의 이익보다 지역의 이익을 우선시할 준비가 되어 있을까? 권위주의적인 중국이 민주주의 정부하의 한반도 통일을 수용하고 이를 촉진할 수 있을까? 한 세대 간 전쟁 없이 장기 평화를 누린 동아시아는 한반도의 권력이 바뀔 때도 평화를 유지할 수 있을까? 역사는 우리가 이러한 문제를 어떻게 이해하느냐에 대한 지침을 제공하지만, 확실한 답을 주지는 않는다. 오직 현재와 미래의 정책 입안자들만이 이를 할 수 있다.

한편 보다 넓은 맥락에서 많은 이들은 중국이 국제적으로 부상한 이후 어떻게 행동할 것인지를 보기 위해 중국의 한반도 정책을 주시할 것이다. 명과 청 제국 초기 때와 마찬가지로 현재 중국의 한반도 정책은 중국이 다른 나라에 대해 어떻게 행동할 것인지, 나아가 더 거리가 있는 다른 나라에 대해 어떻게 행동할 것인지를 보여주는 동향계이다. 지금까지 나타난 결과로 보면 이는 그리 긍정적이지는 않아 보인다. 북핵 위기 해결을 위해 다른 국가들과 협력하겠다는 중국의 의지는 긍정적이지만, 남한을 향한 고압적인 자세와 북한의 변화를 내켜 하지 않는 태도는 좋지 않다. 다른 이들이 볼 때 중국의 이러한 태도는 권위주의와 패권 제국으로서 과거사에 대해 좋지 않은 인상을 남긴다. 지금까지 중국의 한반도 정책은 외부의 인식과 겹치면서 안 좋은 결과로 이어지고 있다. 부상하고 있는 강대국인 중국은 국제사회에서의 변화하는 역할을 두려워하는 동시에, 심지어 바로 이웃에 있는 가증스러운 북한 정권을 보호하고 대중적이고 민주적인 남한 정권에 반대하고 있다. 이는 중국이 향후 세계 강대국이 되는 데에도 좋은 출발점이 아니다.

LED 조명이 켜진 쇼핑 아케이드, 화장품 판매장, 고급 레스토랑 등이 있는 서울 시내를 거닐며 젊은이들이 좋아하는 음악이나 유튜브 스타를 두고 이야기하는 것을 듣다 보면 서울에서 북한이 뉴욕의 브로드웨이 길이와 비슷한 55킬로미터, 말 그대로 길 하나 거리밖에 떨어져 있지 않다는 것을 쉽게 믿을 수 없을 것이다. 지리나 정치와는 관계없이, 평양보다는 서울에 더 가까운 문화적 세계에 사는 젊은 중국인들이 현실정치realpolitik라는 매우 단순한 이유에서 북한이라는 악몽을 보호하고 보존할 것이라는 사실도 믿기는 어렵다. 그러나 그것이 오늘날 우리가 사는 세계이며, 미국의 외교정책을 포함한 역사에서도 그리 드문 일은 아니다. 역사가 길잡이의 역할을 한다면 지금 한반도에서 바랄 수 있는 최선은 우선 군비 통제, 남북 간 긴장 완화, 마지막으로 정권이 무너지기 시작할 때 북한을 포기하겠다는 중국의 정책이다. 우리가 두려워해야 할 최악의 선택지는 바로 전쟁이다. 오랜 기간 관계를 형성해오고, 강력하게 구축된 중국과 한반도의 관계는 지구화된 세계에서 오늘날 우리 모두의 삶에 영향을 미칠 수 있는 잠재력을 지니고 있다.

감사의 말

　나는 에드윈 O. 라이샤워 강연과 그 내용을 책으로 출간하는 데 도움을 주신 분들에게 감사를 표한다. 마이클 스조니Michael Szony는 2017년 하버드대학교 라이샤워 강연에 나를 초대해주었고, 하버드대학교 페어뱅크 중국연구소The Fairbank Center for Chinese Studies 분들이 이 강연의 조직을 도왔다. 에즈라 F. 보겔Ezra F. Vogel, 커크 W. 라슨Kirk W. Larsen, 이성윤Sung-yoon Lee이 개별 강의마다 토론을 맡아주었다. 그렉 브라진스키Gregg Brazinsky, 카터 에커트Carter Eckert, 문유미Yumi Moon는 전체 초고를 읽고 매우 유익한 논평을 해주었다. 김동길, 뉴쥔牛軍, 첸지안, 뉴커牛可, 뉴다용牛大勇, 션즈화沈志華, 리단후이李旦暉, 왕동王棟, 리첸李晨 그리고 내 학생인 한관우와 김동현은 원고의 일부를 도와주었다. 베이징대학교 역사학과, 서울의 한국고등교육재단, 조지워싱턴대학교의 시거Sigur 아시아연구소의 초대로 나는 원고의 초고를 발표할 수 있었다. 나의 저작권 관련 업무를 담당하고 있는 와일리 에이전시의 사라 찰판트Sarah Chalpant에 감사드리며, 이 책을 기획하면서 캐틀린 맥더모트Kathleen McDermott와 하버드대학교출판부 직원들과 함께 일해서 기뻤다. 예일대학교에서는 잭슨 국제문제연구소Jackson Institute for Global Affairs의 사라 마소타Sarah Masotta가 나를 많이 도와주었다. 그리고 캘리 산드퍼Kelly Sandefer와 비하이브Beehive 지도제작사가 훌륭한 지도를 그려주었다. 내 제자이자 지금은 대한민국 육군사관학교 교수가 된 최용은 한반도에 대해 많은 것을 알려주었다. 2019년 칭화대 슈워츠먼 컬리지Schwarzman College, 淸華大學 蘇世民書院에서 보잉사 후원을 받는 국제관계 방문학자로 보냈을 때, 길 건너 베이징대학교의 한인 학생회와 진행한 토론은 매우 유익했다. 이 책은 베이징의 한인 학생들뿐 아니라 수많은 이들이 열렬히 바라는 통일되고, 평화로운 한반도의 미래를 위해 바친다.

옮긴이의 말

『제국과 의로운 민족』은 노르웨이 출신의 역사학자인 오드 아르네 베스타의 *Empire and Righteous Nation: 600 Years of China-Korea Relations*(Harvard University Press, 2021)를 번역한 것이다. '600년의 중국-한반도 관계'라는 부제에서 알 수 있듯이, 이 책은 『냉전의 지구사: 미국과 소련 그리고 제3세계』(에코리브르, 2020)에서 표방되었던 냉전사 연구자의 관점보다는 중국사 연구자로서 베스타의 관심사가 짙게 반영되어 있다. 이 책의 배경과 맥락을 깊이 있게 이해하기 위해 베스타의 학문적 이력을 살펴보자.

베스타의 첫 학문적 작업은 1990년 노스캐롤라이나대학교 역사학과 박사학위 논문으로 제출한 「냉전과 혁명: 소련-미국의 대립과 국공내전의 기원, 1944~1946*Cold War and Revolution: Soviet-American Rivalry and the Origins of the Chinese Civil War, 1944~1946*」이다. 베스타는 이 연구를 통해 전시 동맹국이었던 소련과 미국 관계가 냉전으로 돌입하면서, 중국의 국공내전을 어떻게 격화시켰는지를 외교사 차원에서 포착하고자 했다. 국공내전에 대한 관심은 2003년 출간된 『결정적 조우: 1946~1950년의 국공내전*Decisive Encounters: The*

*Chinese Civil War, 1946~1950 』*까지 이어진다.

중국 현대사, 그중에서도 특히 국공내전 연구자에 가까웠던 베스타의 연구 범위가 본격적으로 확장된 계기는 1998년부터 런던정경대학교의 '국제사학과Department of International History'에 재직하기 시작하면서부터였다. 우리에게는 다소 익숙하지 않은 학과명이지만, 런던정경대학교는 역사학도라면 모두 국제적 시야를 지녀야 한다는 이유에서 국제사학과를 설치·운영했다. 베스타는 이 학과의 교수로 일하면서 다양한 배경의 연구자 및 학생과 교류하며 이때의 경험을 2005년 『냉전의 지구사*The Global Cold War: Third World Interventions and the Making of Our Times* 』로 녹여낸다. 미국과 소련의 제3세계 개입의 기원과 전개 과정, 제3세계의 변동이 만들어낸 현대 세계의 양상을 광범위하게 다룬 이 책은 베스타에게 세계적인 학문적 명성을 가져다준다.

*

이를 토대로 베스타는 존. M. 로버츠의 『세계사*The History of World* 』의 제5판 개정 작업에 2007년부터 참여하면서 중국 현대사와 냉전사로부터 자신의 영역을 대폭 확장해나간다(제6판이 한국어로 번역 소개되어 있다). 2003년 작고한 존 로버츠는 오늘날 우리가 살고 있는 세상을 역사적으로 성찰할 수 있도록 복잡한 역사를 간명하게 정리하여 대중에게 전달하는 방법을 잘 알고 있던 역사가였다. 베스타는 존 로버츠의 역사 서술 방식을 계승하고자 했다. 이후 베스타는 전문 학술서를 넘어서 대중적으로도 읽을 수 있는 책을 여러 권 집필하기 시작한다.

그 첫 결과물은 거시적인 관점에서 중국사를 바라본『잠 못 이루는 제국: 1750년 이후의 중국과 세계*Restless Empire: China and the World Since 1750*』(2014)이었다. 이때 본격적으로 제기된 중국을 바라보는 관점은『제국과 의로운 민족』에도 일정하게 반영된다. 특히 중국을 제국이라고 규정하는 점이 그러하다. 무릇 제국은 팽창과 관용이라는 속성을 지닌다. 근대 제국주의가 통신과 교통을 통해 식민지를 직접 지배하려고 노력했던 것과 달리, 근대 이전의 제국은 팽창하되 다양성을 인정하면서 여러 지역을 간접적으로 지배하는 방식을 취했다.

『잠 못 이루는 제국』에서 베스타는 중국 제국이 최전성기를 구가했던 청나라 건륭제 시기부터, 중국 제국이 근대 국민국가nation-state에 기초한 서구 제국주의와의 조우 속에서 어떤 변화를 경험했는지를 다루었다. 오랫동안 제국으로 존재한 중국에게 근대 국민국가는 매우 낯선 논리였고, 중국은 새로운 질서에 적응하는 데 큰 어려움을 겪었다. 20세기에 들어와서 중국은 국민국가를 건설하는 데 성공했으나, 그 문화·지리적 경계는 여전히 제국적 경험에 토대를 두었다. 중국이 개혁개방 이후 강대국으로 부상하면서, 제국의 문화적 토대였던 유교와 현재 중화인민공화국의 지리적 경계를 설정한 청나라의 경험이 재해석되기 시작했다.

중국 제국의 작동 방식에 관심을 둔 베스타에게 한반도는 매우 흥미로운 사례였다. 우선 조선은 문화·정치적으로 중국 제국 질서의 '핵심' 국가였다. 조선은 티베트, 신강, 몽골, 대만과 달리 청의 직접 지배를 받는 지역은 아니었지만, 바로 그렇기 때문에 역설적으로 조선은 청을 제국으로 존재할 수 있게 하는 존재였다. 바로 그 이유에서 청일전쟁(1894~1895)은 동아시아 역사에서 매우 상징적인 사건이었다. 중국 제국 질서의 핵심 국가인 조선을 일본으로부터 지키지 못했다는 사실은 청나라의 존재 의의를 근본적으로 뒤흔들었다. 이후 청 제국이 무너지고 중화민국이라는 공화국 체제가 새롭게 등장했지만, 여전히 중국인의 관념 속에서 한반도는 중국이 지켜주어야 할 가부장적 책임감의 대상이었다. 이는 조선 독립운동을 향한 지원과 한국전쟁 당시 마오쩌둥이 북한을 지키기 위해 개입을 결정한 이유 중 하나이기도 했다.

베스타는 앞으로 올 한반도의 통일이 중국에게 있어 매우 중요한 사건이 되리라 확신했다. 중국이 만약 통일된 한반도를 포용력 있게 받아들일 수 있다면, 이는 중국이 국제 문제를 다루는 방식에 있어서 넉넉함과 성숙함을 갖추는 일이 될 것이었다. 통일 한반도와의 관계 설정은 중국이 다시 '제국'이 될 수 있는 길과도 깊이 관련된 문제였다.

*

『잠 못 이루는 제국』에서 베스타가 제기한 여러 관점에서 특히 눈에 띄는 것은 '한반도는 중국에게 무엇인가?'를 묻고 있다는 사실이다. 『냉전의 지구사』에서 흔히 냉전의 주체로 여겨졌던 미국과 소련만이 아니라, 제3세계까지 포괄하여 냉전사를 역동적으로 재구성한 솜씨가 발휘되는 대목이기도 하다. 베스타는 중국을 중심으로 두되, 주변의 태도와 경험이 중국에 영향을 주었다는 점을 강조한다. 특히 역사적으로 한반도의 변동은 중국에게 큰 영향을 주었고, 베스타는 앞으로 올 한반도의 통일도 그러한 점에서 관심을 기울인다. 이는 중국에 비교하면 작지만, 무시할 수 없는 주변인 한반도의 역사와 미래에 세계인들이 관심을 가져야 할 이유이기도 한 것이다. 이는 '한반도에 중국은 무엇인가?'라는 질문에만 매몰되어 있는 우리에게는 낯선 유형의 질문이지만, 우리가 함께 고민해봐야 할 중요한 문제라 할 수 있다.

이제 베스타는 중국이라는 제국을 제국으로 존재할 수 있게 한 한반도에 학문적 관심을 본격적으로 기울인다. 이후 그는 2014년 홍콩대학교 방문 교수로 지내면서 "중국의 세계관에 있어 한반도Korea in China's World View: Past and Present"라는 강연을 했으며, 줄곧 이어진 중국-한반도 관계에 대한 관심은 2017년 5월 1~3일 동안 세 차례 진행된 베스타의 하버드대학교 라이샤워 강연인 "제국과 의로운 민족"으로 구체화된다(이 강연은 현재 유튜브를 통해 시청 가능하다). 그리고 같은 해 5월 베스타 교수는 방한하여, 2017년 5월 22일부터 24일까지 경남대 극동문제연구소, 서울대학교 아시아연구소, 한국고등교육재단에서 관련 내용으로 일련의 강연을 개최하여 한국인 청중과의 대화를 나누었다.[1] 그리고 2019년 베스타는 다시 중국 칭화대에서 슈워츠먼 컬리지 방문교수로 지내면서, 한인 학생회 및 중국의 한반도 정책 담당자들과 활발히 교류했다. 그는 이때의 경험을 녹여내어 『제국과 의로운 민족』을 최종적으로 마무리했다.

---

1) 한국고등교육재단에서 행한 강연은 「오늘날 한반도의 두 국가와 중국」, 『중국, 새로운 패러다임 Ⅱ: 23인 세계 석학에게 묻다』, 글항아리, 2020에서 확인할 수 있으며 이 역시 유튜브를 통해 발표와 토론을 시청할 수 있다.

『제국과 의로운 민족』에서 베스타는 중국과 대비하여 한반도를 '의로운 민족Righteous Nation'이라 칭한다. 의義는 중국에서 온 유교적 개념이지만, 이는 중국과 구분되는 한반도만의 독특한 '민족' 개념을 형성하는 토대가 되었다. 특히 임진왜란의 경험이 중요했다. 이후 조선에서는 중국, 일본과 구분되는 한반도적 정체성이 강하게 형성된다. 임진왜란 이후 명·청 교체기를 거치면서 '의'의 조선은 이제 조선의 '의'가 되었다.

모든 것을 흡수하는 제국 바로 옆 한반도에서 '민족'이 형성된 것은 그야말로 놀라운 사건이었다. 하지만 베스타는 청 제국도 조선도 각자의 입장을 어느 정도 양해하면서, 청 제국을 중심으로 하는 질서가 안정적으로 작동했다는 점에 주목한다. 청 제국이 19세기 중반부터 흔들리기 시작할 때에도 조선은 청 제국으로부터의 이탈보다는 밀착을 선택했다. 하지만 이때에도 일본이 변수로 작동했다. 지금까지 조선이 청 제국 아래 누려왔던 '자주'는 사대주의로 비판받았고, 일본은 조선에게 청 제국으로부터의 '독립'을 강요했다. 하지만 조선의 독립을 주장했던 일본은 제국주의화하면서 한반도를 병합했고, 이는 한반도의 민족 개념이 강렬한 '민족주의'로 변환하는 계기가 된다.

문제는 한반도와 중국에서 모두 민족주의적 시각이 강해지면서 저자가 다룬 시기의 복합 주권과 복합 특수성에 대한 이해가 어려워졌다는 사실이다. 한국에서 중국과 관련된 문제는 '사대주의'의 그림자를 벗어나기 쉽지 않으며, 역사와 문화를 공유했던 경험은 민족주의적 관점에서 항상 폭발성을 지닌 쟁점으로 변화할 위험성을 지니고 있다. 그러나 이 책에서 베스타가 줄곧 강조하고 있듯이, 앞으로도 한반도와 중국의 관계는 단순히 국제정치학에서 말하는 단순한 국가 대 국가 관계가 될 수는 없을 것이다. 역사와 문화 그리고 지리를 완전히 부정할 수 없기 때문이다.

그렇다면 민족주의적 시각에서 벗어나 중국―한반도 관계사를 폭넓은 시야에서 조망해볼 필요가 있다. 한국은 중국이 제국에 기초를 둔 국민국가라는 점을 더 알아야 하고, 중국은 한반도가 줄곧 중국 제국 옆에서 자주와 독립을 지켜왔다는 사실을 이해해야 한다. 또 현실적 차원에서 특히 중요한 것은 중국의 한반도 정책이 중국이 다른 나라에 대해 어떻게 행동할 것인지, 나아가 더 거리가 있는 다른 나라를 두고 어떻게 행동할 것인지를 보여주는 '동향계'라는 사실이다. 우리 역시 이 점을 깊이 의식하면서 중국을 설득하고 대화할 준비가 되어 있어야 할 것이다.

*

『제국과 의로운 민족』을 번역하면서 오래된 책 한 권이 떠올랐다. 바로 1888년에 출간된 미국인 오웬 N. 데니Owen N. Denny의 『청한론China and Korea, 淸韓論』이다. 영문으로 작성된 이 책은 조선에서 외아문 당상外衙門堂上으로 활동한 데니 자신의 경험을 반영하여 조선의 국제적 지위에 대한 의견을 담았다. 데니는 조선 부임 전에는 청나라에서 영사직을 맡기도 했기에, 청과 조선의 상황을 두루 파악하고 있었다. 데니는 이 책을 통해 조선이 청에 대해서는 조공국이지만, 이와 같은 사실이 조선의 주권이나 독립권을 해치는 것은 아니라고 주장했다. 조선은 청에 조공을 하는 국가이지만, 국내적으로는 완전한 통치권을 갖는 '자주국'이라는 논리였다. 데니는 조선이 청과의 조공 관계를 통해 제국의 책임과 의무를 다하기를 요구하면서, 동시에 청 이외의 국가들과의 관계에 있어서는 독립주권국가라는 사실을 강조했다. 데니의 고민은 중화 질서가 해체되고 국제 질서가 등장하는 맥락에서 의미가 있었다. 그리고 이와 같은『청한론』의 고민은 유길준이『서유견문』제3편 「방국의 권리」를 쓰는 데 깊은 영감을 주었다는 점에서 더욱 뜻깊다.

한반도는 중국 제국 옆에서 사대를 통한 '자주'를 오랫동안 지켜왔다. 중국 제국이 흔들리자 한반도는 짧은 독립을 누리다가, 나라를 잃었고 중국과 마찬가지로 국민국가를 건설하기 위해 오랜 길을 걸어야만 했다. 가까스로 얻어낸 '독립'이기에 우리에게 자주독립은 매우 소중한 가치가 아닐 수 없다. 하지만 자주독립의 세계관 안에서 제국과 공존해왔던 역사적 사실을 직시하기란 쉽지 않다. 중국이 단순한 강대국이 아니라, 포용력 있는 제국이 되기 위해서도 한반도에 살고 있는 우리의 역할이 매우 중요하다. 중국과 한반도의 관계를 외부자의 관점에서 고민한 이 책이 21세기의『청한론』이 될 수 있지 않을까 감히 상상해본다. 옮긴이의 노력을 통해 중국과 한반도의 미래를 한층 더 깊게 고민하는 21세기의 유길준이 나올 수 있기를 바란다.

2020년 봄에 저자의 다른 책인『냉전의 지구사』를 번역한 이후, 저자의 냉전론에서 동아시아와 한반도의 경험이 잘 포착되지 않는다는 지적을 여러 차례 독자들에게 들은 바 있었다. 2021년에『제국과 의로운 민족』

이 출간된다는 소식을 저자를 통해 알고 있었기에, 안 그래도 책의 내용이 궁금하던 터였다. 이 틈(?)을 타 너머북스 이재민 대표님께서 번역을 직접 제안해주셨다. 초보 번역자를 믿어주시고, 넉넉한 작업 시간을 주신 덕분에 즐거운 마음으로 번역에 임할 수 있었다.

번역 과정에서 이 책에서 여러 차례 인용되고 있는 외국 학계의 한국학, 그리고 중국학 관련 책들이 너머북스를 통해 이미 출간되어 있다는 사실에 자주 놀랐다. 어려운 출판 환경 속에서 한국 학계 및 독서층의 좁은 시야를 넓히기 위해 저 '너머'를 고민하면서 좋은 감식안을 갖춘 출판사에 감사할 따름이다. 이 책이 너머북스 유니버스의 일익을 담당할 수 있으면 좋겠다. 더불어 바쁜 일정 속에서도 흥미로운 정보로 가득한 한국어판 서문을 따로 써주신 베스타 교수님께도 감사의 인사를 전한다. 감사의 자리에 이 책의 첫 독자셨던 정진라 편집자님을 빼놓을 수 없다.

끝으로 번역 작업을 하는 1년 내내 임신과 출산 그리고 육아로 고생한 아내 김연수에게 사랑의 인사를 전한다. 그녀를 통해 내가 어떤 길을 걷고 있는지를 항상 잊지 않을 수 있었다. 앞으로 나보다 더 오랜 세월을 중국이라는 거대한 이웃과 함께 살아갈 현이와도 언젠가 이 책을 두고 함께 이야기할 수 있으면 좋겠다.

2022년 1월
옥창준

찾아보기